Leserabe

3. Lesestufe

Werner Färber • Manfred Mai • Jo Pestum

Die schaurigsten Gruselgeschichten

Mit Bildern von Michael Bayer,
Iris Hardt und Christian Zimmer

Ravensburger Buchverlag

Bibliografische Information Der Deutschen Bibliothek:

Die Deutsche Bibliothek verzeichnet diese Publikation
in der Deutschen Nationalbibliografie.
Detaillierte bibliografische Daten sind im Internet
über **http://dnb.ddb.de** abrufbar.

2 3 4 5 6 08 07 06

Diese Ausgabe enthält die drei Bände
„Vampirgeschichten“ von Werner Färber,
mit Illustrationen von Iris Hardt,
„Gruselgeschichten“ von Manfred Mai,
mit Illustrationen von Michael Bayer,
„Gespenstergeschichten“ von Jo Pestum
mit Illustrationen von Christian Zimmer

Ravensburger Leserabe

Umschlagbild: Jan Birck
Umschlagkonzeption: Sabine Reddig
Redaktion: Sabine Schuler
Printed in Germany
ISBN 13: 978-3-473-36095-6
ISBN 10: 3-473-36095-3

www.ravensburger.de
www.leserabe.de

Inhalt

Manfred Mai
Gruselgeschichten 5

Jo Pestum
Gespenstergeschichten 69

Werner Färber
Vampirgeschichten 133

Leserätsel 184

Manfred Mai

Gruselgeschichten

Wer spukt hier?

Im Norden Schottlands, nicht weit von Inverness entfernt, steht in einem großen Park ein altes Schloss. Park und Schloss machen einen ziemlich ungepflegten Eindruck. Der Park ähnelt eigentlich mehr einem Urwald, vom Schloss bröckelt der Putz ab, Fensterläden hängen schief in den kaputten Scharnieren, das Dach hat undichte Stellen und ein Schornstein ist neulich eingestürzt. Graf Webster, der Besitzer, hat nie in seinem Schloss gewohnt und sich auch nie darum gekümmert.

Er war in der ganzen Welt zu Hause und hat dabei im Lauf der Jahre sein Erbe verprasst. Sein letzter Besitz ist das alte Schloss, das er jetzt zum Verkauf angeboten hat.
Es dauert auch nicht lange, bis sich Herr Morrison, ein reicher Unternehmer, meldet, der großes Interesse an dem Schloss hat. „Na ja, das Ganze sieht recht verwahrlost und verlottert aus“, sagt er, „aber das lässt sich wieder reparieren. Viel wichtiger ist, dass es ein Gespenst im Schloss gibt.“
„Ein Gespenst?“, fragt Graf Webster überrascht.
„Es gibt doch ein Schlossgespenst?“
„Jaja“, sagt Graf Webster schnell.
„Natürlich gibt es ein Schlossgespenst.“
„Ohne Gespenst kaufe ich das Schloss nämlich nicht.“ Herr Morrison klopft Graf

Webster auf die Schulter. „Ein Schloss ohne Gespenst ist wie ein Auto ohne Fahrer, nicht wahr?“
Graf Webster nickt.
„Also, wo ist denn das Gespenst?“
„Das … das … das spukt um diese Zeit nicht“, antwortet Graf Webster. „Es spukt nur in der Geisterstunde.“

„Ach so“, brummt Herr Morrison enttäuscht. „Tja, dann muss ich wohl oder übel heute Abend noch mal kommen und mir das Gespenst ansehen. Sagen wir um halb zwölf.“

Graf Webster ist einverstanden.
„Also dann, bis zur Geisterstunde“, sagt Herr Morrison und geht.
Kaum ist er draußen, rauft sich Graf Webster die wenigen Haare, die er noch hat. „Dieser bescheuerte Kerl hat doch nicht alle Tassen im Schrank! Der glaubt noch an Gespenster wie die kleinen Kinder. Es ist nicht zu fassen, wie dumm manche Leute sind!“

Graf Webster fährt zu einem befreundeten Ehepaar, das einen zehnjährigen Sohn hat. „Du musst mir helfen, mein Junge! Ich brauche heute Nacht ein Gespenst."
„Ein Gespenst?", fragt Kevin verwundert. Graf Webster erzählt kurz von Herrn Morrison. „Für den muss es in der Geisterstunde spuken und dafür brauche ich dich."
„Ich darf spuken! Ich darf spuken!", ruft Kevin und freut sich schon.
Seine Mutter holt ein weißes Bettlaken und schneidet zwei Löcher für die Augen hinein. Sein Vater besorgt eine Kette, die er Kevin um den Bauch hängt. Dann spielt Kevin Gespenst. „Das ist noch zu wenig gruselig", meckert Graf Webster. „Du darfst nicht so tapsig laufen, du musst kleine, leichte Schritte machen, damit es aussieht, als ob du schweben würdest.

Und du musst zwischendurch kräftig mit der Kette rasseln.“
Kevin gibt sich Mühe und bald spukt er so toll, dass Graf Webster zufrieden lächelt.

Dann fahren sie zum Schloss und Graf Webster zeigt Kevin die Stelle, wo er in der Nacht erscheinen soll.
Kurz vor halb zwölf kommt Herr Morrison. Graf Webster setzt sich mit ihm ins Kaminzimmer, wo sie bei einem guten Glas Wein noch ein wenig plaudern.
Gleichzeitig bereitet sich Kevin mit seinem

Vater in einem Schlafzimmer auf seinen Auftritt vor.
„Streng dich an, damit Graf Webster zufrieden ist", sagt der Vater. „Dann wird er dich bestimmt gut belohnen."
Um Mitternacht verlässt Kevin mit dem ersten Glockenschlag das Zimmer, huscht den Flur entlang, macht „Huhu! Huhu!" und rasselt mit der Kette.
„He, was soll das? Was willst du denn hier?", ruft plötzlich eine dünne Stimme.

Kevin dreht sich um und sieht eine weiße Gestalt. „Wie … was … warum …“, stammelt er verwirrt. „Hat dich der Graf auch zum Spuken bestellt?“
„Bestellt?“, fragt die weiße Gestalt. „Mich hat niemand bestellt, ich spuke seit 127 Jahren in diesem Schloss.“
„Mach keine Witze“, sagt Kevin. In diesem Augenblick hört er Schritte. „Sie kommen“, flüstert er. „Los, wir müssen spuken!“
„Du spukst hier nicht!“, zischt die weiße Gestalt. „Das ist mein Schloss, hier spuke nur ich. Verschwinde!“ Die weiße Gestalt gibt Kevin einen Schubs. Der dreht sich um und schlägt zurück, aber seine Faust geht durch die weiße Gestalt hindurch, ohne dass es ihr etwas ausmacht. Kevin starrt mit großen Augen aus seinen Sehschlitzen. „Ein Gespenst!“, kreischt er und fällt in Ohnmacht.

Graf Webster kommt mit Herrn Morrison um die Ecke.
„Da ist ja ein Gespenst“, sagt Herr Morrison erfreut. „Aber warum liegt es auf dem Boden?“
„Ich … ich weiß nicht“, murmelt Graf Webster verlegen. „Vielleicht hat es sich verletzt.“ Er geht schnell voraus, beugt sich über Kevin, hebt seinen Kopf hoch und flüstert: „He, was ist denn los mit dir?“

Kevin schlägt die Augen auf. „Da … da … ein … da war ein Gespenst“, stammelt er.
„Unsinn!“
„Was ist Unsinn?“, fragt Herr Morrison. „Was flüstern Sie denn mit dem Gespenst? Da stimmt doch etwas nicht.“ Er bückt sich, hebt das Betttuch hoch und sieht Kevins Beine. Ziemlich unsanft drückt er Graf Webster zur Seite und zieht das Tuch über Kevins Kopf. „Ach, so ist das!“, sagt er empört. „Ihr wolltet mich reinlegen. In diesem vergammelten Schloss gibt es gar kein Gespenst!“
„Huhuuu! Huhuuu!“, klingt es bei diesen Worten so unheimlich, dass der Graf und Kevin totenbleich werden.
„Steckt hier noch irgendwo so ein falsches Gespenst?“, fragt Herr Morrison wütend. Das Gespenst kommt den Flur entlang und heult schauerlich.

„Schnell weg!“, ruft Graf Webster. „Das ist ein leibhaftiges Gespenst!“
„Von Ihnen lasse ich mich nicht länger zum Narren halten“, sagt Herr Morrison.
Graf Webster, Kevin und sein Vater flüchten. Herr Morrison winkt dem Gespenst. „Komm nur her, Bürschchen, dann ziehe ich dir die Ohren lang!“
Kaum hat er das gesagt, saust das Gespenst wie der Wind heran, packt ihn an den Ohren, hebt ihn hoch und lässt ihn in der Luft baumeln.
„Lass mich los!“, brüllt Herr Morrison.
Das Gespenst lässt ihn los und Herr Morrison plumpst auf seinen dicken Hintern.
„Warte, wenn ich dich erwische!“, droht er und will das Gespenst packen, aber jedes Mal hat er nur Luft in den Händen. „Du bist ja wirklich ein Gespenst!“, ruft er

überrascht. „Das ist ja prima! Jetzt kaufe ich das Schloss, dann gehörst du mir."
„Dir?" Das Gespenst lacht höhnisch. „Dir gehöre ich niemals. Ich spuke nur für Grafen und andere Fürsten, aber nicht für gewöhnliche Leute."
„Das wollen wir doch mal sehen!", ruft Herr Morrison und versucht wieder, das Gespenst zu schnappen.
„Hihihihi", lacht das Gespenst, hebt Kevins Bettlaken auf, wirft es dem Fabrikanten über den Kopf und bindet es hinten zu.
„Nimm sofort das Tuch weg!", brüllt Herr Morrison.
„So ein dummer Kerl wie du kann mir nichts befehlen", sagt das Gespenst und schubst ihn vorwärts.
Herr Morrison will sich von dem Tuch befreien, schafft es aber nicht. Das

Gespenst schubst ihn durch den Flur bis vor die Kellertür, öffnet sie und stößt Herrn Morrison die Treppe hinunter. Zuerst schreit er jämmerlich, doch bald gibt er keinen Ton mehr von sich. Das Gespenst schließt die Kellertür ab und schwebt kichernd davon.

Das Geisterzimmer

Familie Hansen fährt für ein paar Tage ins Allgäu. Papa und Mama müssen sich vom Stress im Geschäft erholen und brauchen viel Ruhe. Anne und Benedikt müssen sich zwar nicht vom Stress erholen und brauchen auch keine Ruhe, trotzdem freuen sie sich auf den Kurzurlaub im Allgäu.

Das Hotel, in dem sie wohnen, liegt mitten im Wald. Es ist nur über eine schmale Straße zu erreichen.

„Ist es hier nicht herrlich ruhig?“, sagt Papa.

„Ein bisschen sehr ruhig“, meint Anne.

Sie nehmen ihr Gepäck, gehen ins Hotel und melden sich an.

„Die großen Familienzimmer waren leider schon vergeben“, sagt der junge Mann an der Anmeldung. „Wir haben dafür neben Ihrem Zimmer in einem Einzelzimmer zwei Kinderbetten aufgestellt. Ist das so in Ordnung?“

Mama und Papa schauen ihre Kinder an. „Ihr könnt doch sicher schon allein in einem Zimmer schlafen“, sagt Papa.

Anne verdreht die Augen und sagt vorwurfsvoll: „Ich bin doch kein Baby mehr!“

Benedikt nickt zwar, aber man sieht ihm

an, dass er nicht gerade begeistert ist.
„Das geht schon in Ordnung“, sagt Papa zu dem jungen Mann.
„Gut, dann zeige ich Ihnen jetzt die Zimmer.“ Der junge Mann nimmt Mamas Koffer und geht voraus.
Benedikt liest die Nummern an den Türen: 1 – 3 – 5 – 7 – 9. Vor der Tür mit der Nummer 11 bleibt der junge Mann stehen, stellt den Koffer ab und schließt auf. „So, bitte schön, das ist Ihr Zimmer“, sagt er zu Mama und Papa. „Und eures ist gleich daneben.“

Benedikt sieht die Nummer 13 an der Tür und bleibt wie angewurzelt stehen. Das Geisterzimmer! Der junge Mann schließt die Tür auf. Dann geht er wieder.
Anne geht in das Zimmer und schaut sich um. Benedikt bleibt auf dem Flur stehen. Mama kommt aus ihrem Zimmer. Da sieht sie Benedikt, der immer noch auf dem Flur steht. „Benedikt, was ist denn mit dir los? Du bist ja ganz blass. Hast du ein Gespenst gesehen?“ Benedikt nickt.
„Wirklich?“, fragt Mama.
„Da“, flüstert Benedikt und zeigt zum Kinderzimmer, „da drin sind Gespenster.“
„Unsinn“, sagt Mama. „Gespenster gibt's nicht.“
„Du hast mich doch eben gefragt, ob ich ein Gespenst gesehen habe“, sagt Benedikt. „Dann muss es doch auch welche geben.“

„Das habe ich doch nicht wörtlich gemeint“, versucht Mama zu erklären. „Das sagt man nur so, wenn jemand dasteht wie du gerade eben.“ Mama nimmt Benedikt an die Hand und will mit ihm ins Kinderzimmer gehen. Aber Benedikt stemmt sich dagegen.
„Nun stell dich nicht so an“, sagt Mama. Papa kommt auf den Flur. „Was ist denn los?“, fragt er.

„Benedikt behauptet, da drin seien Gespenster“, antwortet Mama.
„Unsinn“, sagt Papa. „Gespenster gibt’s nicht.“
Anne kommt aus dem Kinderzimmer und lacht ihren Bruder aus. Benedikt tritt nach ihr.
„Hör auf!“, sagt Papa. „Du siehst, deine Schwester war schon in eurem Zimmer und sie lebt noch.“

Er zieht Benedikt mit ins Kinderzimmer. „Siehst du hier irgendwo ein Gespenst?" Papa schaut in den Kleiderschrank und unter die Betten.
„Also, ich sehe keins."
Mama öffnet das Fenster, um frische Luft hereinzulassen. „Da draußen ist auch kein Gespenst."
„Ich will im anderen Zimmer schlafen", murmelt Benedikt.
Papa schüttelt den Kopf. „Kommt nicht infrage! Drüben ist unser Zimmer, das hier ist euer Zimmer. Außerdem wären die Kinderbetten für Mama und mich viel zu kurz. Wir könnten hier gar nicht schlafen, selbst wenn wir tauschen wollten."
„Aber ich …"
„Schluss jetzt!", fällt Papa seinem Sohn ins Wort. „Ich möchte mich wegen so einem Quatsch nicht aufregen. Wir

packen jetzt unsere Sachen aus, dann machen wir einen Spaziergang in der guten Allgäuluft.“
Spaziergang! Auch das noch!, denkt Benedikt genervt. Diese Spaziergänge sind fast so schlimm wie Gespenster. Aber allein in dem Gespensterhotel bleiben will er natürlich auch nicht. Also spaziert er mit.
Zum Glück wird es nur ein kurzer Spaziergang, weil Papa unterwegs Hunger bekommt. Als sie wieder im Hotel sind, sehen Anne und Benedikt sofort, dass jemand in ihrem Zimmer war. Die Schuhe stehen nicht mehr an ihrem Platz. Annes Jacke liegt auf dem Boden. Und Benedikts Kopfkissen hat eine Delle.
Nun wird es auch Anne ein bisschen mulmig.
Die beiden laufen schnell zu ihren Eltern.

„Ein Geist!“, ruft Benedikt. „Bei uns war ein Geist!“

„Fängt das schon wieder an“, brummt Papa.

„Kommt mit!“, sagt Anne und nimmt Papa an die Hand. Im Kinderzimmer schaut sich Papa um. „Na, wo ist denn jetzt euer Geist?“

„Jetzt ist er weg“, antwortet Benedikt. „Aber er war da und hat in meinem Bett gelegen.“

„Und meine Jacke hat er auf den Boden geschmissen. Und meine Schuhe durchs Zimmer geworfen“, sagt Anne.

Mama lacht. „Das wird ja immer schöner. Ihr habt eure Sachen wieder mal nicht ordentlich aufgeräumt und jetzt soll es ein Geist gewesen sein."
„Wir haben alles ordentlich aufgeräumt", beteuert Anne. „Ehrenwort."
„Ihr und ordentlich", sagt Mama. „Das wäre ja was ganz Neues."
„Ich möchte jetzt keine Gespenstergeschichten mehr hören, sondern etwas essen", brummt Papa.
Nach dem Abendessen spielen alle vier miteinander „Das verrückte Labyrinth". Papa ärgert sich, weil er viermal verliert. Kurz vor zehn Uhr sagt Mama: „Jetzt machen wir Schluss. Es ist Zeit fürs Bett."
„Schon?", murrt Anne. „Wir haben doch Ferien."
„Auch in den Ferien können Kinder nicht ewig aufbleiben."

„Aber ich …“

„Und kein Wort mehr von Gespenstern!“, ruft Papa. „Sonst werde ich böse!“

Zwanzig Minuten später liegen Anne und Benedikt in ihren Betten. Kaum sind Mama und Papa draußen, springt Benedikt aus seinem Bett und kriecht ins Bett seiner Schwester. Es ist zwar ein bisschen eng, aber immer noch besser, als allein im Bett zu liegen. Die beiden erzählen sich noch lange Geschichten, aber irgendwann schlafen sie trotz ihrer Angst ein.

Mitten in der Nacht wacht Benedikt auf, weil ihn etwas an der Nase kitzelt. Er denkt, es seien Annes Haare, und will sie wegwischen. Aber es sind nicht die Haare seiner Schwester, es ist etwas anderes. Das Gespenst! Benedikt will schreien, doch er bringt keinen Ton heraus. Er liegt starr vor Angst im Bett.
Das Gespenst sitzt genau vor seiner Nase und funkelt ihn mit glühenden Augen an. Es greift nach Benedikt. Er spürt, wie die Gespensterhand über sein Gesicht fährt. „Nein, nicht, geh weg“, wimmert Benedikt.

Aber das Gespenst denkt nicht daran. Die schrecklichen Augen funkeln Benedikt weiter an. Da schreit er laut um Hilfe. Sofort fliegt das Gespenst von seinem Bett. Anne fährt aus dem Schlaf hoch. „Was ist los?“
„Ein Gespenst, ein Gespenst“, stammelt Benedikt.
Anne tastet nach dem Lichtschalter. Gleichzeitig wird die Tür geöffnet und die Eltern kommen hereingestürzt. Sie sehen gerade noch, wie eine Katze durch das offen stehende Fenster verschwindet.

Benedikt springt aus dem Bett, klammert sich an Mama und heult ihr Nachthemd nass. „Ein Gespenst, ein Gespenst“, nuschelt er und zittert am ganzen Körper. „Es hat auf meinem Bett gesessen und wollte mich fressen.“
Anne drückt sich an Papa.
„Das war kein Gespenst“, versucht Mama die beiden zu beruhigen. „Das war eine Katze. Ich habe gesehen, wie sie aus dem Fenster gesprungen ist.“ Sie schließt das Fenster.
„Es war ein Gespenst“, meint Benedikt.
„Es war eine schwarze Katze“, sagt Papa. „Ich habe sie genau gesehen.“
Mama und Papa können erzählen, was sie wollen, Benedikt glaubt ihnen nicht. Und er kann auch nicht eine Minute länger in diesem Geisterzimmer bleiben. Sonst wird er verrückt vor Angst. Mama sieht

ein, dass alles Reden und Erklären zwecklos ist, und gibt nach. Anne und Benedikt dürfen ausnahmsweise bei ihr und Papa im Bett schlafen.
Doch Papa brummt: „Bevor ich mich mit euch dreien in ein Bett quetsche, lege ich mich lieber hier in ein Kinderbett.“ Und weil er viel zu müde ist, um noch lange zu diskutieren, tut er das auch sofort.
„Komm lieber mit zu uns“, sagt Benedikt.
Aber Papa will allein in einem Bett schlafen. Mama geht mit Anne und Benedikt ins andere Zimmer.
„Wenn die Gespenster wiederkommen, kommt Papa bestimmt auch zu uns“, meint Benedikt.
Mama hat keine Lust, sich noch länger über Gespenster zu unterhalten. Sie will schlafen.
Papa wälzt sich in dem viel zu kurzen

Kinderbett herum und stößt mit den Füßen und dem Kopf immer wieder an. Einmal rumst es so kräftig, dass Papa hochfährt und schimpft: „Verflixt noch mal, jetzt reicht's mir!“ Er steigt aus dem Bett und geht ins andere Zimmer. Dort kriecht er zu seiner Familie ins Bett.

Benedikt wacht kurz auf. „Hast du die Gespenster gesehen?“, fragt er.

„Jaja“, brummt Papa.

Benedikt dreht sich um und schläft zufrieden weiter.

Schön gruselig

Der Festplatz hatte sich in den vergangenen Tagen in einen großen Vergnügungspark verwandelt. Schon von weitem war das Riesenrad zu sehen. Auch die Achterbahn führte hoch hinauf über die vielen Losbuden, Verkaufsstände und Schießbuden. Und überall wimmelte es nur so von Leuten. Mitten in dem Gewimmel standen Alexander und Philipp. Sie waren schon mit der Achterbahn gefahren, hatten Zuckerwatte genascht und Lose gekauft, aber nur Nieten gezogen. Jetzt wollte Alexander zur Geisterbahn.
Philipp zögerte.
„Was ist?“, fragte Alexander.
„Ich … ich … fahre lieber mit dem Riesenrad“, sagte Philipp.

„Hast du etwa Angst vor der Geisterbahn?“ Philipp schüttelte den Kopf. „Aber ich finde Geisterbahnen doof.“

„Versteh ich nicht“, sagte Alexander. „Die sind doch so schön gruselig.“

„Eben.“

„Ach Mensch, fahr doch mit“, bat Alexander seinen Freund. „Allein macht es keinen Spaß.“

Nach einigem Hin und Her gab Philipp nach und ging mit Alexander zur Geisterbahn. Schon der riesige Drachenrachen mit seinen langen Eck-

zähnen, durch den man hineingehen musste, war Philipp unheimlich. Verstohlen guckte er nach oben, weil er das Gefühl hatte, das Drachenmaul könnte jeden Augenblick zuklappen.
„Los, komm schon!“, sagte Alexander und zog Philipp hinter sich her zu einem Wagen.
Kaum saßen sie drin, begann die Fahrt ins dunkle Geisterland. Zur Begrüßung reichte ihnen ein schwarzer Menschenaffe mit rot leuchtenden Augen die Hand. Dann kam von rechts ein einäugiges Monster aus einer Höhle und fletschte die Zähne. Hinter der ersten Kurve wartete eine Hexe, die ihren Kopf, der fürchterlich seufzte, unter dem Arm trug. Und plötzlich flammte oben ein Licht auf. Alexander und Philipp hoben die Köpfe und sahen im Lichtschein eine riesige Spinne auf sich

zukommen. Philipp konnte sich nicht mehr rechtzeitig ducken, sodass ihm die langen Spinnenbeine übers Gesicht glitten.
„Pfui Teufel!“, schrie er. „Ich will hier raus!“
„Das geht nicht“, sagte Alexander, dem inzwischen auch ganz schön mulmig war. „Wir müssen bis zum Ausgang fahren.“
In diesem Augenblick stoppte ihr Wagen und gleichzeitig erschallte ein dröhnendes Lachen.

„Warum geht es denn nicht weiter?“, flüsterte Philipp.
„Keine Ahnung“, flüsterte Alexander zurück.
Plötzlich öffnete sich links eine Tür, ein Skelettarm kam heraus und zog den Wagen in eine schwach erleuchtete Höhle. Mitten in der Höhle stand ein Skelett. Auf dem Boden lagen viele Knochen und Schädel. Kaum waren Alexander und Philipp in der Höhle, schlug die Tür hinter ihnen zu.
„Jetzt hab ich euch“, krächzte das Skelett und lachte scheppernd. „Ich werde euch fressen, damit ich wieder Fleisch auf die Knochen kriege.“
„Nein, nicht!“, rief Philipp und schrie um Hilfe. Aber niemand half ihnen.
Das Skelett streckte seine Knochenfinger nach den beiden aus und klapperte mit

dem Kiefer. „Ihr werdet mir bestimmt gut schmecken."
Philipp sprang in panischer Angst aus dem Wagen und wollte zu der kleinen Tür hinaus, bekam sie aber nicht auf. Er schlug und trat dagegen, doch die Tür blieb zu.

Das Skelett lachte grässlich. Gleichzeitig öffnete sich vorne eine zweite Tür und der Wagen fuhr weiter.
„Philipp!", rief Alexander.

Philipp drehte sich um, sah den Wagen mit Alexander durch die Tür verschwinden, war mit zwei Sätzen am Skelett vorbei und warf sich von hinten auf den Sitz. Da spürte er, wie sein linker Fuß gepackt und zurückgezogen wurde.
„Es hat mich erwischt!“, schrie Philipp. Er hing nur noch mit dem Oberkörper auf dem Wagen und hielt sich krampfhaft am Sitz fest. „Hilf mir doch!“
Alexander packte seinen Freund am Arm und versuchte ihn in den Wagen zu zerren. Plötzlich schoss Philipp mit einem Ruck nach vorn, landete kopfüber im Wagen und zappelte mit den Beinen in der Luft. Dabei schlug er dem grünen Monster, das am Wegrand lauerte, einen Arm ab.
Mit Alexanders Hilfe und einigen Verrenkungen gelang es Philipp, sich

wieder in den Wagen zu setzen. Er griff nach unten zu seinem linken Fuß. „Mein Schuh ist weg! Das Skelett hat meinen Schuh!“
„Sei froh, dass es deinen Fuß nicht hat“, sagte Alexander.
„Aber mein Schuh …“
„Soll ich ihn vielleicht holen?“
„Du wolltest ja unbedingt mit dieser blöden Geisterbahn fahren“, warf Philipp seinem Freund vor.
„Wenn ich gewusst hätte, dass du dir aus Angst in die Hose machst und beinahe durchdrehst, wäre ich lieber allein gefahren.“
„Du hast doch selber Angst“, behauptete Philipp, zog die Nase hoch und wischte sich mit dem Ärmel übers Gesicht.
Während sie noch miteinander stritten, kamen drei Flugsaurier aus dem Dunkeln,

schwirrten über die beiden hinweg und stießen dabei Furcht erregende Laute aus. Philipp rutschte nach unten, machte sich so klein wie möglich, schloss die Augen, hielt sich die Ohren zu und rührte sich nicht mehr, bis sie draußen waren. Dann sagte er: „Ich fahre nie mehr Geisterbahn!“ Er hob seinen linken Fuß hoch. „Was ist jetzt mit meinem Schuh?“

„Ich hab ihn nicht gefressen“, brummte Alexander.

„Du nicht, aber das Skelett!“

Alexander tippte sich an die Stirn und ging, ohne noch ein Wort zu sagen, zur Kasse.
Philipp humpelte hinterher.
„Der hat da drin seinen Schuh verloren“, sagte Alexander und zeigte auf Philipp.
„Ich hab ihn nicht verloren, das Skelett hat ihn mir ausgezogen“, widersprach Philipp.
„Das Skelett?“, fragte die Frau an der Kasse verwundert.
„Es hat meinen Fuß gepackt und wollte mich fressen“, sagte Philipp immer noch ganz aufgeregt.
Die Kassiererin lachte. „Zum Glück bist du ja noch mal heil rausgekommen. Und Schuhe frisst unser Skelett normalerweise nicht, soviel ich weiß. Zumindest hat es das bisher nicht getan.“
Sie rief einen Mitarbeiter zu sich und schickte ihn los, um Philipps Schuh zu

suchen. Es dauerte nicht lange, bis der junge Mann mit dem Schuh zurückkam.
„Ich hoffe, nun ist alles in Ordnung“, sagte die Kassiererin. „Als kleine Entschädigung für die ganze Aufregung schenke ich dir eine Freifahrt.“
Philipp schüttelte heftig den Kopf. „Ich will keine Freifahrt! Ich fahre nie mehr Geisterbahn!“
„Das ist aber schade“, meinte die Kassiererin. „Eine Fahrt in unserer Geisterbahn ist doch so richtig schön gruselig.“
„Gruselig schon, aber nicht schön“, sagte Philipp und ging schnell davon.
Alexander sah die Kassiererin an, zog bedauernd die Schultern hoch und folgte seinem Freund.

Das geheimnisvolle Mädchen

Die Doggenburgs waren eine alte Kaufmannsfamilie, die es im Lauf der Jahrhunderte zu Wohlstand und Ansehen gebracht hatte. Aber es schien ein Fluch über der Familie zu liegen, denn seit fünf Generationen hatte kein Mädchen seinen siebten Geburtstag überlebt. Genoveva war aus dem Fenster gestürzt, Wilhelmines Leiche hatte man im Wald gefunden, Karla war in einem Fluss ertrunken, Henriette war von einem der ersten Autos überfahren worden und eine

Tablettenvergiftung hatte Adelheid das Leben gekostet. Die Leute munkelten von einer bösen Hexe, die alle Mädchen der Familie in den Tod getrieben habe.
Andere glaubten nicht an solche Schauergeschichten. Für sie waren es nur unglückliche Zufälle, dass seit fünf Generationen die Töchter der Familie durch Unfälle zu Tode gekommen waren. Trotzdem beobachteten alle gespannt und auch sorgenvoll das Heranwachsen der kleinen Friederike.
Am meisten Sorgen machten sich natürlich ihre Eltern. Sie behüteten und beschützten Friederike, so gut sie nur konnten. Und da ihre Tochter ein braves Mädchen war, passierte ihr in den ersten sechs Lebensjahren nichts Schlimmes. Im siebten Lebensjahr veränderte sich Friederike langsam. Sie machte

manchmal ziemlich dumme und gefährliche Sachen.
Einmal ritt sie mit dem schnellsten Pferd ihres Vaters wie der Teufel über die Felder und direkt auf einen Abgrund zu. Ein Bauer konnte das Pferd im letzten Augenblick aufhalten, sonst wäre es mit Friederike in die Tiefe gestürzt. Ein andermal zündelte sie mit Streichhölzern und dabei fing ihr Kleid Feuer. Zum Glück war ihre Mutter im Nebenzimmer. Sie hörte die Schreie ihrer Tochter und kam gleich hereingestürzt. Als sie sah, was passiert war, schnappte sie eine Decke, warf sie über Friederike und erstickte die Flammen.

Nach solchen Vorfällen erzählte Friederike, sie habe das nicht gewollt, ein fremdes Mädchen sei gekommen und habe ihr gesagt, sie solle es tun.
Die Eltern wussten nicht so recht, ob sie ihrer Tochter glauben sollten oder ob das nur Lügengeschichten waren, mit denen sich Friederike herausreden wollte. Aber sie nahmen sich vor, noch besser auf ihre Tochter aufzupassen.
An einem kalten Januarabend, zwei Wochen vor ihrem siebten Geburtstag, lag Friederike im Bett und konnte nicht einschlafen. Da hörte sie plötzlich ein leises Knarren. Sie hob den Kopf und sah, wie sich die Tür des Wandschranks langsam öffnete. Friederike wollte schreien, brachte aber keinen Ton heraus. Mit weit aufgerissenen Augen starrte sie zum Wandschrank, aus dem das fremde

Mädchen stieg. „Guten Abend, Friederike“, sagte es. „Schön, dass du noch wach bist. Ich möchte dich nämlich mitnehmen.“

„Ich will nicht mehr mit dir gehen“, entgegnete Friederike.

„Warum nicht?“

„Weil ich Angst habe.“

„Ach was“, sagte das fremde Mädchen.

„Willst du dein ganzes Leben lang immer nur im Haus herumsitzen? Das ist doch langweilig. Wenn du mit mir kommst, kannst du tolle Sachen erleben."
„Ich will aber nicht!"
Das Mädchen winkte Friederike zu sich und sagte: „Der See ist zugefroren. Auf dem Eis können wir herrlich rutschen."
„Ich darf nicht aufs Eis, das haben mir meine Eltern verboten."
„Deine Eltern würden dich am liebsten nur im Haus einsperren", behauptete das Mädchen. „Nur weil sie dir keine Freude gönnen."
„Das ist nicht wahr!"
„Widersprich mir nicht und komm mit!", sagte das Mädchen energisch.
Wie immer, wenn das Mädchen etwas von ihr verlangte, musste Friederike es tun, auch wenn sich alles in ihr sträubte. Sie

stieg aus dem Bett und verließ im Nachthemd mit dem Mädchen das Zimmer. Als sie am Schlafzimmer ihrer Eltern vorbeigingen, riss Friederike den Mund auf und schrie aus Leibeskräften, aber es war ein stummer Schrei. Niemand außer dem Mädchen hörte ihn.
Draußen fing Friederike zu bibbern an.
„Mir ist so kalt“, jammerte sie.
„Mir war schon mal viel kälter“, sagte das Mädchen. „Aber keine Angst, bald wirst du die Kälte nicht mehr spüren.“

„Ich darf nicht aufs Eis, weil es noch viel zu dünn ist und bestimmt bricht.“
„Unsinn“, entgegnete das Mädchen. „Ich werde dir zeigen, dass es nicht bricht. Warte nur ab.“
Am sternklaren Himmel leuchtete der Vollmond und wies den beiden den Weg zum See.
„Bleib hier stehen“, sagte das Mädchen, als sie den kleinen See erreicht hatten. Dann trat es aufs Eis und drehte sich im Kreis. „Siehst du, es bricht nicht, ich kann

sogar auf dem Eis tanzen. Also los, komm schon!“

Friederike wollte weglaufen, zurück nach Hause. Aber ihre Beine gehorchten ihr nicht.

„Komm zu mir!“, lockte das Mädchen und schwebte über das Eis.

Friederike hatte erst ein paar Schritte gemacht, da knackte es unter ihr. „Es bricht!“, rief sie.

„Es bricht nicht“, sagte das Mädchen. „Du musst nur schnell zu mir kommen. Hier ist das Eis dicker.“

Vorsichtig setzte Friederike Fuß vor Fuß, bis sie bei dem Mädchen stand. Da knackte es wieder und schon brach das Eis unter Friederike. Sie wollte sich an dem Mädchen festhalten, griff jedoch ins Leere.

„Jetzt ist es aus mit dir, Friederike

Doggenburg!“, rief das Mädchen. „So wie es mit Genoveva, Wilhelmine, Karla, Henriette und Adelheid Doggenburg aus war, die ich alle in den Tod gelockt habe.

Und weißt du auch warum? Weil mich der reiche Hubertus Doggenburg vor 150 Jahren wegen einem Stück Kuchen, das ich an meinem siebten Geburtstag von seiner Tafel gestohlen habe, aus dem Haus gejagt hat. In einer eiskalten Winternacht, in der ich auf der Treppe seines Hauses erfrieren musste.“
„Hilf mir!“, rief Friederike, die schon bis zur

Hüfte im Wasser hing. „Ich habe dir doch nichts getan!“
„Aber der geizige Hubertus Doggenburg hat mich an meinem siebten Geburtstag getötet und deshalb müssen alle Doggenburg-Mädchen sterben.“
Ein Stück Eis brach unter Friederike weg und sie rutschte tiefer. „Hilfe!“, schrie sie.
„Schrei nur, niemand wird dich hören“, sagte das Mädchen.

In diesem Augenblick flammte ein Licht auf. Das Mädchen erstarrte.

„Friederike!“, rief der Vater. „Halte aus, ich hole dich!“
Ohne zu überlegen sprang er aufs Eis, brach ein, kämpfte sich mit beinahe übermenschlicher Kraft vorwärts und näherte sich seiner Tochter bis auf wenige Meter.
„Papa!“, rief sie in Todesangst. „Ich kann nicht mehr!“
Wieder brach das Eis weg und Friederike verschwand im Wasser.
„Friederike!“, schrie ihr Vater und schlug mit aller Kraft auf das Eis vor sich, dass es brach und er vorwärtskam. Friederike tauchte noch einmal auf, ihr Vater erwischte sie an den Haaren, zog sie zu sich heran und hielt sie fest.
„Papa“, sagte sie schon halb ohnmächtig.
Er versuchte, mit Friederike zum Ufer zu kommen, aber die eisige Kälte lähmte

seine Glieder. Er hatte nicht mehr genug Kraft, seine Tochter und sich zu retten. Eng umschlungen versanken sie im See. Das zu Eis erstarrte Mädchen stand den ganzen Winter auf dem See. In der warmen Frühlingssonne schmolz es dahin und damit waren die Doggenburgs von dem Fluch erlöst.

Eine Stunde zu spät

Eine Schulklasse machte ihren Jahresausflug in den Schwarzwald und besuchte auf der Heimfahrt noch den Mummelsee. Er wird von steilen Felswänden und hohen Bäumen eingerahmt, sodass er selbst am helllichten Tag ein wenig düster wirkt. Noch viel düsterer, ja sogar unheimlich sieht er aus, wenn in der Dämmerung Nebelschleier über dem Wasser schweben. So ist es nicht verwunderlich, dass die Menschen seit jeher Geschichten über den geheimnisvollen Bergsee erzählen. Diese Geschichten handeln meistens von Seejungfrauen, Wasser-nixen, Drachen, Ungeheuern und vom Seekönig.
„Der Seekönig sitzt mitten im See auf

seinem goldenen Thron mit einer goldenen Krone auf dem Haupt und ist ein strenger Herrscher", erzählte der alte Mann, der die Klasse um den See führte.
„Das glaub ich nicht", sagte Tobias. „Das sind doch alles nur Märchen."
Und sein Freund Martin stimmte ihm zu:
„Nixen und Ungeheuer gibt's doch überhaupt nicht. Und einen König gibt's im See schon gar nicht."
„Ich verstehe, dass ihr das nicht glaubt", sagte der alte Mann. „Deshalb will ich euch eine kleine Geschichte erzählen."

Er versammelte die Kinder um sich, damit ihn alle gut hören konnten.
„Im Mummelsee lebten in früheren Zeiten viele Seejungfrauen. Sie gehorchten dem König und verrichteten ihre Arbeit fleißig und ordentlich. Als Belohnung erlaubte ihnen der Seekönig hin und wieder aufzutauchen und die Menschen in den umliegenden Dörfern zu besuchen. Aber erst am Abend, wenn es um den See dunkel wurde. Das taten die Seejungfrauen für ihr Leben gern. Vor allem an Winterabenden, wenn die Menschen in warmen Stuben beisammensaßen und einander Geschichten erzählten. Das war viel gemütlicher und schöner als in dem kalten Mummelsee zu Füßen des Seekönigs zu sitzen. Aber sie mussten vor Mitternacht wieder im See sein und kein

Mensch durfte sie auf dem Rückweg begleiten. So verlangte es der Seekönig. Daran hielten sich die Seejungfrauen, denn sie wollten den Zorn ihres Königs nicht herausfordern.
Eines Abends saßen wieder drei Seejungfrauen mit netten Menschen zusammen. Es wurde geredet, gespielt und gesungen. Die Zeit verging wie im Flug und schon schlug die alte Wanduhr elf. Für die drei Seejungfrauen wurde es Zeit, sich zu verabschieden.

Kaum waren sie aus dem Haus, hörten sie die Kirchturmuhr schlagen. Aber zu ihrem Entsetzen schlug sie zwölfmal! Ein junger Bursche hatte die Wanduhr um eine halbe Stunde zurückgestellt, weil er die schönen Besucherinnen länger bei sich haben wollte. Die Seejungfrauen zitterten vor Angst. So schnell sie konnten, liefen sie zum See zurück und sprangen hinein. Wenig später grollte und brodelte es im Mummelsee, dass die Menschen in den umliegenden Dörfern erschraken.

Als sie am nächsten Morgen zum See gingen um nachzuschauen, was in der Nacht passiert war, stockte ihnen der Atem: Auf dem Wasser schwammen drei große Blutlachen."

Die Kinder hingen an den Lippen des alten Mannes. Keines sagte ein Wort, nicht einmal Tobias und Marvin. Einige schielten verstohlen auf die Wasserfläche. „Seit jener Nacht hat kein Mensch mehr eine Seejungfrau gesehen“, fuhr der alte Mann fort. „Wer jedoch den Mut hat, den Mummelsee um Mitternacht zu besuchen, kann bis heute die leisen Klagegesänge der Seejungfrauen hören.“

Der alte Mann guckte Tobias und Marvin an. „Wenn ihr mutig genug seid, führe ich euch gern um Mitternacht um den See herum.“

„Da … da … liege ich schon lange im Bett“, sagte Tobias.

Und Marvin nickte. „Ich auch.“

Jo Pestum

Gespenstergeschichten

Der Freund von Max ist ein Gespenst

Ehrlich, es ist wahr! Max ist mit einem Gespenst befreundet.
Schon seit fast einem Jahr. Seitdem fliegen die beiden Freunde in jeder Freitagnacht durch die Stadt, stellen Unsinn an, spuken herum, haben ihren Spaß und denken sich die tollsten Streiche aus.
Und so hat das damals begonnen: Max hatte gerade sein Indianerbuch unter sein Kopfkissen geschoben, das Licht ausgeknipst und mit dem Einschlafen angefangen, da hörte er plötzlich ein leises Lachen. Max riss die Augen auf. Ein seltsam grünlicher Lichtschein erhellte das Zimmer. Und dann erblickte er das Gespenst. Es hockte auf seiner Bettkante und lächelte ihm zu.

Max erschrak so sehr, dass er zu stottern begann: „W-w-wer bist denn du?"
„Dumme Frage", sagte das Gespenst. „Ich bin das Gespenst Mux, das siehst du doch. Aber warum hast du Angst vor mir?"
„W-w-weil du so gefährlich aussiehst!"
Max starrte das Gespenst mit weit offenem Mund an. Es sah wirklich unheimlich gefährlich aus mit seinen glühend roten Augen, den grünen leuchtenden Stachelhaaren, den großen Schlabberohren, den spitzen Eckzähnen und dem weißen Gespensterhemd.
Das Gespenst kicherte. „Das bildest du dir bloß ein. Ich sehe nicht **gefährlich** aus, ich sehe nur **anders** aus. Und von mir aus gesehen siehst du anders aus. Das gleicht sich also aus. Ist die Sache klar?"
„N-n-nicht so richtig", sagte Max. Er hatte schon nicht mehr ganz so viel Angst.

„Was willst du von mir?“
„Ich will mit dir Freundschaft schließen“, antwortete das Gespenst. „Ich wünsche mir schon so lange, dass ich einen Menschen als Freund habe. Und ich glaube, wir zwei passen gut zusammen. Wir sind gleich groß und gleich alt – ich bin ja noch ein sehr junges Gespenst. Und unsere Namen, also, die reimen sich fast. Du heißt Max Fuchs und ich heiße Mux Maxilux. Außerdem mag ich dich leiden. Du siehst, es gibt gute Gründe für unsere Freundschaft.“

Max nickte ein bisschen verwirrt und fragte: „Wie bist du denn in mein Zimmer gekommen? Das Fenster ist doch zu.“
„Schon wieder eine dumme Frage!“ Das Gespenst Mux schüttelte den Kopf. „Du solltest eigentlich wissen, dass wir Gespenster mühelos Türen, Fenster und Mauern durchdringen können. Was ist nun. Sind wir Freunde?“
Max begriff allmählich, dass das alles kein Traum war. „Ja“, sagte er entschlossen, „wir sind Freunde.“ Ein Gespenst zum Freund zu haben, das war unheimlich spannend! Doch da fiel ihm noch etwas ein. „Es muss aber unser Geheimnis bleiben. Wenn meine Mutter das erfährt – ich garantiere dir, die kriegt glatt einen Nervenzusammenbruch.“
Das Gespenst winkte ab. „Völlig klar, dass das unser Geheimnis bleibt. Hast du Lust,

mit mir durch die Nacht zu fliegen und ein bisschen Blödsinn zu machen?"
„Aber ich kann doch gar nicht fliegen!"
Das Gespenst Mux wedelte mit den Armen. „Fliegen ist überhaupt nicht schwer, wenn man weiß, wie es geht. Hier, zieh mal das Gespensterhemd an! Ich hab es extra für dich mitgebracht. Wer ein Gespensterhemd anhat, kann sowieso fliegen." Mux reichte Max das weiße Hemd.
Max zog es an und fühlte sich auf einmal selber ein wenig wie ein Gespenst. Ein tolles Gefühl! Vorsichtig öffnete er das Fenster. Klar, zuerst zitterten ihm die Knie, doch dann gab Max sich einen Ruck, breitete die Arme aus und schwebte leicht wie ein Vogel hinter seinem Gespensterfreund her. Was für ein herrliches Kribbeln im Bauch! Die beiden umkreisten den

Kirchturm, sausten über die Schule und den Fußballplatz hinweg, flatterten durch die Straßen und Gassen und guckten in die Fenster hinein.
Und lustige Streiche dachten sie sich aus. Einmal verdrehten sie am Haus vom frechen Opa Poppe, der immer die Kinder ausmeckert, die Satellitenschüssel so, dass sein Fernsehapparat nur noch Schneegestöber zeigte.

Einmal verstellten sie die Zeiger der Kirchturmuhr und ließen um Mitternacht die Glocken läuten. Einmal tauschten sie bei den Gebrauchtwagen vom Autohändler Krause alle Preisschilder aus. Einmal brachten sie im Garten des Nonnenklosters alle Rosen zum Blühen, obwohl die eigentlich längst verwelkt waren. Einmal zauberten sie aus den Reifen der Autos, die einfach auf dem Radweg geparkt waren, die Luft raus. Zum Glück können ja alle Gespenster ein wenig zaubern.

Auch an diesem Freitagabend fliegen die beiden Freunde zu spannenden Abenteuern in die Dunkelheit hinaus. Die Freitagnacht ist günstig dafür, denn samstags ist ja schulfrei. Da kann Max ausschlafen.

Wunderbar gelb leuchtet der Vollmond. Eine Weile werden sie von den Fledermäusen begleitet, die tagsüber im Feuerwehrhaus schlafen und in der Dämmerung auf Mückenfang gehen.

„Hast du dir schon einen Jux ausgedacht?“, fragt Mux.
„Aber klar! Wir könnten doch mal …“
Weiter kommt Max aber nicht, denn da ist plötzlich ein leises Winseln zu hören. Es dringt aus dem Hof der Bäckerei.
Was hat das zu bedeuten? Nichts wie hin!
Max und Mux entdecken einen Winzlinghund. Er ist mit einer viel zu

schweren Kette an der Hauswand festgemacht und stößt jämmerliche Klagelaute aus.
Natürlich kann Mux die Hundesprache.
„Was ist denn los mit dir?“, fragt er den Winzlinghund.
„Seht ihr das denn nicht?“ Der kleine Hund zerrt ein bisschen an der Kette.
„Angebunden haben sie mich mit solch einer dicken Kette. Warum darf ich nicht mit ins Haus? Ich fürchte mich so allein im Dunkeln. Und ist etwa Futter in meinem Napf? Seht ihr Wasser in meiner Schüssel? So darf man doch mit seinem Hund nicht umgehen!“
„Wer hat dir das angetan?“, will Mux wissen.
„Der Bäcker und die Bäckerin“, schimpft der kleine Hund. „Sie sind so vergessliche Schusselköpfe. Denken nur an sich und

nicht an mich. Mein Name ist übrigens Winny. Könnt ihr zwei mir vielleicht irgendwie helfen?“

Das Gespenst lacht. „Klar, Winny, das können wir. Es ist unsere Spezialität, trotteligen Leuten ein bisschen Feuer unter dem Hintern zu machen.“ Rasch erklärt er seinem Freund Max die Lage. „Wir veranstalten jetzt den großen Gespensterspuk. Einverstanden?“

Selbstverständlich ist Max einverstanden. Gut, dass das Schlafzimmerfenster der Bäckersleute nur angelehnt ist, denn so

kann Max leicht zusammen mit Mux in das Schlafzimmer von Theodor und Hildegard Eppelkamp einsteigen. Der Bäcker schnarcht laut wie ein Düsenjet, bei der Bäckerin hört es sich an wie Wildschweingrunzen.
„Wir dringen jetzt in ihre Träume ein“, kichert Mux. „Hopp, der Gespensterspuk beginnt!“
Mux und Max spuken drauflos, als gehe es um einen Monsterspuk-Weltrekord. Sie hüpfen auf den Betten herum, schneiden grauenhafte Grimassen, schlagen Purzelbäume, krabbeln kopfüber unter der Zimmerdecke, stoßen entsetzliche Schreie aus, pusten den Schläfern ihren Atem in die Nasenlöcher, kitzeln an ihren Füßen, zupfen an ihren Haaren, verdrehen furchtbar die Augen und fletschen die Zähne.

Ja, Max und Mux sind toll in Form. Mit schrillen Schreien beenden sie ihren Spuk und verstecken sich oben auf dem Kleiderschrank.
Bäcker Theodor schreckt schweißgebadet auf. „Hildegard! Hilfe! Ich habe etwas Entsetzliches geträumt. Gespenster!“
Bäckerin Hildegard schreckt ebenfalls schweißgebadet auf. „Theodor! Hilfe! Ich habe etwas Entsetzliches geträumt. Gespenster!“
Mit zittriger Stimme flüstert der Bäcker: „Dann haben wir ja dasselbe geträumt! Ist das nicht merkwürdig?“
Auch die Stimme der Bäckerin ist zittrig. „Ja, Theodor, das ist merkwürdig. Albträume. Weißt du, wovon man so schlimme Albträume bekommt?“
„Nee“, keucht der Bäcker, „weiß ich nicht.“
Die Bäckerin knipst die Nachttischlampe

an. „So schlimme Albträume bekommt man, wenn man ein schlechtes Gewissen hat. Hast du auch ein schlechtes Gewissen?“

„I-i-ich weiß nicht.“ Bäcker Theodor überlegt. Dann fragt er: „Hast du eigentlich unserem Winny Futter und Wasser gegeben?“

Seine Frau fährt vom Kissen hoch. „Iiiich? Wieso ich? Ich denke, du hast unseren kleinen Hund versorgt!“

Der Bäcker murmelt: „Ich hab gemeint, du hast das erledigt. Und überhaupt sollten wir ihn ins Haus holen. Er ist doch so allein da draußen.“

„Ich glaube, du hast Recht“, antwortet die Bäckersfrau kleinlaut. „Komm, rasch, wir müssen uns um Winny kümmern!“

Die Bäckersleute springen aus den Betten und hopsen in ihren Nachthemden hastig

zum Hof hinaus, um den kleinen Hund Winny ins Haus zu holen und um ihm Futter und Wasser zu geben.
„Na, wie haben wir das gemacht?“, fragt Mux.

„Spitzenmäßig“, antwortet Max. „Wir waren mal wieder große Klasse. Aber jetzt wird es Zeit zum Verschwinden.“
Lautlos fliegen sie durch das Fenster davon. Sie sind stolz darauf, dass sie dem Winzlinghund helfen konnten.
Mux sagt beim Abschied: „Ich muss mich

beeilen. Zum Mitternachtsmahl gibt es bei uns in der Gespensterhöhle leckere Spinnennetzfäden in Tautropfensoße. Meine Lieblingsspeise!“
Max winkt ab. „Nichts für mich! Ich bin mehr für Pommes rot-weiß und Apfelschorle. Treffen wir uns am nächsten Freitag wieder?“
„Aber klar, mein Freund!“ Und schon schwebt das Gespenst winkend zum Geisterwald davon.
Max fliegt nach Hause. Er ist müde und glücklich. Was für eine klasse Abenteuernacht! Solch ein wunderbarer Gespensterspuk! Wie schön, ein Gespenst zum Freund zu haben!
Max versteckt das Gespensterhemd hinter den Büchern im Wandregal. Von seinem Geheimnis dürfen die Eltern ja nichts wissen.

Dann kuschelt er sich in die Kissen und freut sich schon auf das Wiedersehen mit seinem Freund Mux. Bestimmt werden sie in der nächsten Freitagnacht wieder etwas ganz Spannendes erleben!

Das Gespenstermädchen braucht einen Namen

In der dicken Buche am Waldrand wohnt ein Gespenstermädchen mit ihrem Gespenstervater, ihrer Gespenstermutter und ihrem Gespensterbruder. Das ist genau die richtige Gegend zum Spuken und zum Angstmachen und für das Gespenstergeheul im Mondschein. Der große Gespenstervater heißt Grusellus Spukikus. Die Gespenstermutter heißt Grusella Gespenstika. Der Gespensterbruder heißt Grusellus Erschreckikus.
Und das kleine Gespenstermädchen – wie heißt das? Ja, das Gespenstermädchen hat seit ein paar Tagen und Nächten auch einen Namen. Endlich! Denn Gespensterkinder bekommen erst dann einen

Namen, wenn sie zum ersten Mal einen Menschen ganz, ganz fürchterlich erschreckt haben.
Bei dem kleinen Gespenstermädchen wollte und wollte es zuerst nicht klappen, so sehr es sich auch bemühte. Als es plötzlich bei den Holzfällern auf der Waldlichtung erschien, mit den Gespensterarmen wedelte und laut „Huaaahhh! Huaaahhh!" schrie, da kriegten die Männer kein bisschen Angst.

Im Gegenteil! Sie pinkelten sich vor Lachen fast in die Hosen. Und als das Gespenstermädchen aus den Haselbüschen sprang, um den Beerensammlerinnen einen Schrecken einzujagen, riefen die Frauen nur: „Hau ab! Stör uns nicht! Siehst du nicht, dass wir zu tun haben?“
Das Gespenstermädchen vergoss vor lauter Traurigkeit dicke Gespenstertränen. „Ich schaffe es einfach nicht“, flüsterte es. „Ich werde niemals einen Namen bekommen. Ich bin eine Versagerin.“
Die Gespenstermutter gab sich alle Mühe, ihre kleine Gespenstertochter zu trösten. „Komm mit mir“, sagte sie, „ich werde dir zeigen, wie man das macht, einen Menschen richtig fürchterlich zu erschrecken. Dann kannst du’s bestimmt auch.“

Im Morgengrauen, als die Nebelschleier über die Wiesen wehten, wartete die Gespenstermutter mit dem Gespenstermädchen auf den Bierfahrer Kaminski. Der war mit seinem Pferdefuhrwerk voller Bierfässer auf dem Weg von der Brauerei zur Stadt. Als da auf einmal die Gespenstermutter hinter einem Baum hervortrat, die Gespensterhand hob und einen heulenden Gespensterton ausstieß, stürzte der Bierfahrer vor Schreck vom Kutschbock, überschlug sich dreimal auf der Straße und rannte laut schreiend vor Angst in die Wiese hinein. Die Pferde galoppierten mit dem Wagen in die andere Richtung davon. Und die Bierfässer kullerten von der Ladefläche und platschten in den Teich hinein.
„Siehst du, so geht das", sagte die Gespenstermutter.

Aber als das Gespenstermädchen es anschließend bei den Pilzsuchern im Tannenwald versuchte, klappte es wieder nicht. Die Pilzsucher schauten nicht einmal hin, als das Gespenstermädchen vor ihren Nasen herumhüpfte.
„Sei nicht traurig“, versuchte der Gespenstervater seine Tochter zu trösten. „Heute Abend werde ich beim finsteren Hohlweg spuken und du darfst zusehen. Da lernst du’s.“ Kaum brach die Abenddämmerung herein, da versteckten sich der Gespenstervater und das

Gespenstermädchen hinter einem dicken Felsbrocken am Ende des Hohlweges. Lange brauchten sie auf die Eierfrau Rosi Babbel nicht zu warten. Die Eierfrau war mit ihrem Eierkarren von Bauernhof zu Bauernhof gelaufen und hatte Eier eingekauft. Die Eier wollte sie am nächsten Morgen auf dem Markt weiterverkaufen. Nun zog sie ihren Eierkarren also durch den Hohlweg hinter sich her. Da schwebte der Gespenstervater plötzlich auf sie zu und heulte sein spukigstes Gespenstergeheul. Die erschrockene Eierfrau plumpste vor Entsetzen auf den Popo, dann ergriff sie kreischend die Flucht. Der Eierkarren kippte um und – Plitsch! Platsch! Plutsch! – zerplatzten all die vielen Eier. „Siehst du, so geht das", sagte der Gespenstervater.

Jetzt weiß ich genau, wie man die Menschen erschrecken kann, dachte das kleine Gespenstermädchen. Beim nächsten Mal schaffe ich es bestimmt.
Der neue Tag war gerade angebrochen, da versteckte es sich hinter dem Wegweiser, dort, wo sich die Waldwege kreuzen.
Und wer kam da fröhlich gegangen? Die Julia! Hinter ihr trottete ihr Hund Ben. Vor

der Schule muss Julia nämlich immer ihren Hund Ben Gassi führen und da laufen die beiden manchmal auch durch den Wald.

„Huuuhhh! Huhuhuuuhhh!“ Das Gespenstermädchen sprang hinter dem Wegweiser hervor und heulte ihr schaurigstes Gespenstergeheul.

„Wer bist denn du?“, fragte Julia verblüfft.

„Ich bin ein Gespenst! Siehst du das nicht?“

„Doch“, sagte Julia, „wenn man genau hinschaut, sieht man’s.“

Der Hund Ben beschnüffelte neugierig das Gespenstermädchen.

„Aber … aber hast du denn keine Angst vor mir?“, fragte das Gespenstermädchen enttäuscht.
Julia schüttelte den Kopf. „Nö. Eigentlich nicht.“
Da liefen dem kleinen Gespenster-mädchen dicke Gespenstertränen aus den Augen. „So ein Mist! Niemand fürchtet sich vor mir. Wie soll ich denn da einen Namen bekommen?
Kleine Gespenster bekommen nämlich erst dann einen Namen, wenn sie zum ersten Mal einem Menschen richtig Angst eingejagt haben.“
„Ach, so ist das!“ Julia verstand. „Lass mich mal scharf nachdenken. Vielleicht kann ich dir helfen. Ich wüsste da nämlich einen Trick!“
Julia und ihr Hund Ben hockten sich mit dem Gespenstermädchen ins Gras und

Julia erklärte ihren Trick. Es war ein toller Trick.
Und der ging so: Als am Abend die Sonne hinter dem Hügel versank, führte das Gespenstermädchen den Gespenstervater Grusellus Spukikus, die Gespenstermutter Grusella Gespenstika und den Gespensterbruder Grusellus Erschreckikus zum Wegweiser. Dort versteckten sie sich.
Julia und Ben ließen nicht lange auf sich warten. Sie blieben – so war es mit dem Gespenstermädchen abgesprochen – direkt vor dem Wegweiser stehen.
Und da! Da sauste das Gespenstermädchen mit wildem Geschrei aus den Büschen.
„Huuuhhh! Huhuhuuuuhhh! Das gespenstigste Gespenst der Welt ist da!"
„Hilfe!", schrie Julia gellend. „Hilfe! Ich

habe fürchterliche Angst. Ich falle in Ohnmacht!“ Und – zack! – ließ sie sich einfach auf den Waldweg fallen und kniff die Augen zu. Der Hund Ben machte es ihr nach.

„Großartig!“, jubelte der Gespenstervater. „Mädchen, du hast großartig gespukt! Jetzt bekommst du einen wunderbaren Gespensternamen.“

„Und ein herrliches Gespensterfest feiern wir auch!“, lachte die Gespenstermutter.

„Kommt mit zur dicken Buche!"
Der Gespenstervater, die Gespenstermutter und der Gespensterbruder schwebten davon.
Julia machte ein Auge auf und blinzelte dem Gespenstermädchen zu. „Na, habe ich das gut gemacht?"
„Toll hast du das gemacht, ganz toll! Ich danke dir für deine Hilfe." Schmatz! Das Gespenstermädchen drückte Julia einen saftigen Gespensterkuss mitten auf die

Nase und folgte rasch ihren Gespenster-eltern und ihrem Gespensterbruder zur dicken Buche, wo bald das Fest begann.

Seit dieser Nacht hat das Gespenster-mädchen den wunderbaren Gespenster-namen Grusella Supermonster-gespenstika. Eine richtige echte Gespenstin – endlich!
Oft trifft sich das Gespenstermädchen abends am Waldrand mit Julia und dem

Hund Ben. Dann schauen sie den Eulen zu und der Hund heult den Mond an.
An einem Abend sagt Julia: „Ich weiß jetzt, warum das bei dir mit dem Menschenerschrecken nicht klappt."
„Ach! Und warum klappt das nicht?"
„Weil du es gar nicht richtig willst", erklärt Julia. „Es macht dir einfach keinen Spaß, den Menschen Angst zu machen. Hab ich Recht?"
Das Gespenstermädchen Grusella Supermonstergespenstika denkt einen Augenblick nach. „Vielleicht hast du wirklich Recht, Julia. Aber verrate es bloß den anderen Gespenstern nicht! Versprochen?"
Julia lacht. „Ist doch Ehrensache!"
Und der Hund bellt dazu.

Beim Hexentanz im Geisterwald

Lena ist krank. Der Kopf tut weh, der Hals tut weh, der Bauch tut weh. Sie liegt in den Kissen und schwitzt fürchterlich. Wie schlimm es kratzt beim Schlucken! Ich will trinken, trinken!, denkt Lena.

Ihre Mutter sagt: „Es ist ganz schnell gekommen. Nach dem Abendessen wollten wir Monopoly spielen, doch da fing es auf einmal an mit dem Fieber. Ist es schlimm?“

Doktor Rottstegge schiebt sich die Brille auf die Stirn. „Es handelt sich um eine fiebrige Mandelentzündung. Da müssen wir aufpassen, dass die Lungen nicht angegriffen werden. Aber dass Lena schwitzt und fiebert, das ist gut. Die Krankheit muss raus! Die Nacht wird nicht leicht für Lena sein, aber ich glaube,

morgen geht's ihr schon viel besser." Der Arzt tippt Lena auf die Nasenspitze. „Na, wie fühlst du dich?"
Lena versucht zu lächeln. „So lilli-lalla-lullu. Alles dreht sich in meinem Kopf."
Tapfer schluckt Lena die bittere Medizin. „Ich hoffe, du wirst trotzdem tief schlafen", sagt Doktor Rottstegge und verlässt mit Lenas Mutter das Zimmer.
Lena liegt jetzt im Dunkeln. Ihr ist zum Heulen zumute. Da hört sie plötzlich ein Ticken an der Fensterscheibe. Zuerst denkt sie: Ich spinne, das liegt am Fieber. Doch dann erkennt sie, dass sich ein großer Schatten dort draußen bewegt. Ihre Neugier ist größer als ihre Angst. Lena steigt vorsichtig aus dem Bett und stakst mit wackligen Beinen zum Fenster. Was ist denn das? Vor Aufregung muss Lena husten. Wie das brennt im Hals!

Nein, Lena will das zuerst nicht glauben, was sie da sieht:
Im Garten vor Lenas Fenster steht ein gewaltig großer Vogel und schaut sie aus rätselhaft leuchtenden Augen an. Das träume ich doch bloß!, denkt Lena.
Aber als sie dann mit zittrigen Händen das Fenster öffnet, weiß sie, dass das kein Traum ist. Im Sternenlicht kann sie deutlich erkennen: Der Vogel ist wirklich da. Wie ein riesengroßer Rabe sieht er

aus, schwarz und wunderbar glänzend. An den Spitzen der Flügel und des Schwanzes aber sind die Federn regenbogenbunt. Lena staunt und staunt.
„Wer bist du?“, fragt Lena leise.
„Ich bin der Wundervogel“, flüstert der Vogel. „Ich fliege zu allen kranken Kindern. Weißt du das nicht?“
„Nein“, antwortet Lena, „das weiß ich nicht. Warum tust du das?“
„Weil ich den kranken Jungen und Mädchen eine Freude machen möchte.“
Der Wundervogel reckt den Hals. „Und heute Nacht bist du an der Reihe, Lena.“
Lena fasst sich an den Kopf. „Du kennst sogar meinen Namen? Das kann doch nicht wahr sein!“
„Papperlapapp!“ Der Wundervogel kichert. „Ich kenne die Namen aller kranken Kinder. Wäre ich sonst der

Wundervogel? Ich lade die Kinder zu einer Reise ein. Jedes kranke Kind hat einen Wunsch frei. Sag schon, Lena, wohin willst du mit mir fliegen? Was möchtest du erleben?“
Da klettert Lena entschlossen über die Fensterbank hinaus in den Garten. Sie weiß jetzt genau, dass sie nicht träumt. „Ich will etwas Spannendes erleben“, sagt sie voll Eifer, „etwas unheimlich Aufregendes. Es kann ruhig gefährlich sein!“ Einen Augenblick zögert der Wundervogel, dann flüstert er verschwörerisch: „Ich könnte mit dir in den Geisterwald fliegen, zu den Waldgespenstern. Die haben heute Nacht die Hexen zum großen Hexentanz eingeladen. Aber es ist wirklich gefährlich dort! Wir müssen sehr, sehr vorsichtig sein. Die Hexen können es nämlich nicht

leiden, wenn Menschen ihnen bei ihrem Tanz zusehen. Da können sie fuchsteufelswild werden. Und mit den Gespenstern ist auch nicht zu spaßen. Sag also hinterher nicht, ich hätte dich nicht gewarnt."
Lena hat sich längst entschieden. „Wir wagen es."
„Dann steig auf meinen Rücken!"

Es ist ein wunderliches Gefühl, auf dem Rücken eines Vogels zu sitzen! Das Gefieder des Wundervogels fühlt sich an wie Seide. Lena spürt sein Herz klopfen.

Huiii! Schnell wie der Sturmwind saust der große Vogel mit Lena auf seinem Rücken zum Himmel hinauf. Seltsam, Lena braucht sich gar nicht festzuklammern und ihr ist auch gar nicht kalt, obwohl sie doch nur den Schlafanzug anhat. Höher und höher geht der Flug. Fast könnte ich

nach den Sternen greifen, denkt Lena. Sie hat jedes Gefühl für die Zeit verloren. Ist eine Minute vergangen oder eine Stunde? Im Sturzflug senkt sich nun der Wundervogel. Lena erkennt, dass die düstere Fläche da unten ein großer Wald ist. Der Geisterwald! Sie sind am Ziel. Zweige klatschen ihnen entgegen, Wipfel wippen im Wind, aber sicher findet der Wundervogel den Landeplatz auf dem dicken Ast einer Rotbuche.
Lena gleitet vom Rücken des Vogels und sucht sich einen Sitzplatz bei einer Astgabel. Sie darf nicht nach unten schauen, sonst wird ihr schwindlig, das weiß sie. Vor sich sieht Lena eine große Waldwiese, die im Licht des dünnen Mondes schillert, als sei Schnee gefallen. Wo sind die Hexen?
Kaum denkt Lena diesen Gedanken, da

schwebt plötzlich der Großmeister der Waldgespenster in einer Nebelwolke aus dem Gebüsch und ruft mit schaurig hallender Stimme: „Die Hexen kommen!“
Auf ihren Flugbesen rauschen sie mit dem Nachtwind heran und wirbeln und kreisen über der Lichtung: mindestens ein Dutzend Hexen. Schon tanzen sie in der Luft über der Lichtung einen herrlichen Reigen. Da ertönt plötzlich auch Musik. Woher kommt denn die?
Lena reißt die Augen weit auf. Da erkennt sie die weißen Gespenster. Sie hocken im Geäst einer Eiche und blasen auf seltsamen Instrumenten eine feine Melodie zum Tanz der Hexen. Es sind gruselig anzusehende Waldgespenster-musikanten.
Und nun treten auch Tiere aus den Büschen. Wölfe beginnen zu heulen,

Wildschweine grunzen, Nachtvögel rufen. Im Gras zucken bunte Irrlichter.
Dass ich so etwas Wunderbares erleben darf!, denkt Lena. Der ganze Wald scheint verzaubert zu sein. Aber es ist ja auch ein besonderer Wald, der Geisterwald.
Wie schön der Lufttanz der Hexen ist!
„Sei vorsichtig, Lena!“, wispert der Wundervogel.
Lena beugt sich auf dem Ast gefährlich weit nach vorn, aber sie ist vollkommen hingerissen von dem märchenhaften Geschehen. Sie möchte alles ganz, ganz genau sehen.
Und dann – dann passiert es!
Plötzlich knackt der Ast unter Lenas Gewicht fürchterlich laut. Lena krallt sich fest. Nur ja nicht abstürzen! Sie schreit auf vor Schreck.
Da verstummt die Musik, da huschen die

Tiere davon, da drohen die Gespenster gefährlich mit ihren Armen, da hören die Hexen auf zu tanzen und schweben auf ihren Besen heran.
„Wer wagt es, den Hexentanz zu stören?“, brüllt der Großmeister der Waldgespenster mit Donnerstimme.
„Ein Mensch!“, kreischt die Oberhexe. „Ich kann es riechen. Wir werden von einem Menschen beobachtet. Los, Schwestern, wir fangen uns den Menschen!“
Lena ist wie erstarrt. Jetzt ist es aus!, fährt es ihr durch den Kopf. Doch blitzschnell fasst der Wundervogel sie mit seinem starken Schnabel und hebt sie auf seinen Rücken. „Nichts wie weg!“, ruft er. „Lena, jetzt wird es ernst. Wenn die Hexen in Wut geraten, sind sie zu allem fähig.“ Der dunkle Vogel breitet die Schwingen aus und saust mit Lena irre schnell davon.

Lena hört die keifenden Hexen hinter sich. Ganz nah sind sie auf ihren Flugbesen schon herangekommen. Doch der Wundervogel kennt einen Trick. Er fliegt durch das dichte Gewirr der Tannenzweige. Da verheddern sich die Besen der Hexen. Lena spürt schmerzhaft, wie ihr die Zweige ins Gesicht peitschen. Egal! Nur weg, weg!

Dann, als sie endlich den Waldrand erreicht haben, steigt der Wundervogel höher und höher und lacht. „Wir haben es

geschafft, Lena. Jetzt sind wir in Sicherheit. Die Hexen können den Geisterwald nämlich nicht verlassen."
Lena pustet erleichtert die Luft aus den Backen. Das war wirklich ein aufregendes Abenteuer. Aber jetzt fühlt Lena sich auf einmal unendlich müde. „Bring mich nach Hause!", bittet sie den Wundervogel.
„Natürlich!", ruft er. „Es wird ja höchste Zeit für mich. Ich muss doch noch andere kranke Kinder besuchen in dieser Nacht."
Sanft schwebt der große Vogel in den Garten und geht auf der Wiese nieder. „Du wolltest etwas Spannendes erleben", sagt er. „Ich hoffe, du bist zufrieden."
„Ja, es war spannend und aufregend und schön gefährlich. Genau so, wie ich es mir gewünscht habe." Lena lässt sich ins Gras gleiten. „Hab Dank, Wundervogel, und leb wohl!"

„Leb wohl, Lena! Und werd ganz schnell wieder gesund!"
Kaum hat er das gerufen, da ist der geheimnisvolle Vogel auch schon in der Nacht verschwunden.
Lena klettert durch das Fenster ins Haus und schlüpft in ihr Bett. Sofort fällt sie in tiefen Schlaf. Ganz früh am Morgen kommt der Vater in Lenas Zimmer. „Wie geht es dir, mein Kind?"
Lena schlägt die Augen auf. „Schon viel besser. Ich glaube, das Fieber ist ziemlich

weg. Und im Hals tut's auch nicht mehr so weh und im Kopf auch nicht."

„Wie schön, Lena! Ich habe mir solche Sorgen gemacht."

„Du, Paps", sagt Lena und hebt den Kopf aus den Kissen, „ich hab heute Nacht was Tolles erlebt. Mit dem Wundervogel bin ich zum Geisterwald geflogen. Wir haben den Hexen beim Tanzen zugeschaut. Und Gespenster waren da auch und haben Musik gemacht."

Der Vater schmunzelt. „Ja, wenn man Fieber hat, träumt man von den verrücktesten Dingen." Zärtlich streicht er Lena durchs Haar. Dann stutzt er. „Nanu! Tannennadeln? Du hast ja Tannennadeln auf dem Kopf! Woher kommen denn die?"

Lena flüstert so leise, dass nur sie selber es hören kann: „Aus dem Geisterwald. Woher denn sonst?"

Gespenster in der Burgruine

David ist ziemlich enttäuscht. Die Woche im Schullandheim hat er sich anders vorgestellt. Es ist das erste Mal, dass er ohne seine Eltern und seine Geschwister verreist.
Als die Lehrerin damals verkündete, im Juni werde die Klasse in den Westerwald fahren und in einer tollen Landschaft schöne Tage verbringen, hatte David gedacht: Wir werden spannende Erlebnisse haben, wir werden die Wälder

durchstreifen, wir werden Rehe und Hasen und Füchse beobachten!
Doch es kam leider alles ganz anders. Die große Langeweile! Ein paar Spiele, ein bisschen Volleyball, ein alberner Disko-Abend mit Mixgetränken … Aber zum Wandern hatten alle keine Lust, auch nicht die Klassenlehrerin und auch nicht Mirjams Mutter, die als Begleiterin mitgefahren ist.
Und nun ist schon der allerletzte Nachmittag angebrochen. Morgen geht es zurück in die Stadt. David schaut zum Waldhügel hinauf. Ja, die Burgruine!
Jeden Tag hat David gefordert: Lasst uns doch eine Wanderung zur Burgruine da oben machen! Das ist eine ehemalige Ritterburg! Doch die anderen aus der Klasse hatten genörgelt: Das ist ein viel zu langer Weg – der Berg ist viel zu steil –

so eine kaputte alte Burg ist doch doof – da kommt man bloß ins Schwitzen.
Der letzte Nachmittag also. Die anderen Kinder liegen auf der Wiese vor dem Heim, hören Musik aus ihren Rekordern, knabbern Kekse, schlürfen Cola – und tun nichts.
David denkt: Ich werde nicht nach Hause fahren, ohne dass ich die Burgruine aus der Nähe gesehen habe! Zum Glück gibt es Simon. Er ist auch unternehmungslustig, das weiß David.

„He, Simon!“ David stößt dem Klassenkameraden den Ellenbogen in die Rippen. „Ich hau gleich ab und steig zur Burgruine hinauf. Kommst du mit?“
„Einfach so heimlich abhauen?“, fragt Simon. „Mensch, David, es ist irrsinnig heiß.“
„Na und? Bist du etwa ein Weichei?“
Nein, Simon will kein Weichei sein. Und so kommt es, dass die beiden Freunde um die Hausecke verschwinden, ins Gebüsch eintauchen und sich an den Aufstieg machen. Niemand hat etwas gemerkt. Es ist wirklich mühsam und anstrengend, den steilen Waldhang hinaufzuklettern. Bei der Hitze! Stechmücken und grüne Fliegen stürzen sich in großen Schwärmen auf die verschwitzten Jungen. Die Luft ist unheimlich schwül. Kratziges Dornengestrüpp und rutschiges Geröll

machen es den Kletterern schwer. Doch David und Simon sind harte Burschen. Sie geben nicht auf. Wildtauben flattern auf. Geheimnisvoll raschelt es im Unterholz. Süß duftet der Wald. Die beiden Jungen fühlen sich wie Abenteurer im Dschungel. Simon keucht: „Wenn's bloß kein Gewitter gibt!“

David schaut zum Himmel hinauf und sieht den düsteren Wolkenschleier, der von Westen her über das Land zieht. „Und wenn schon! Bald haben wir's ja geschafft.“

Aber es dauert noch fast eine Stunde, bis Simon und David die Ringmauer unterhalb der verfallenen Burg erreicht haben. Schwer atmend lassen sie sich erst einmal auf den Waldboden fallen. Efeuranken und Moospolster haben das Gestein überzogen. Reste der Burgwände

mit leeren Fensterhöhlen ragen steil empor. Wuchtig steht der dunkle Wehrturm vor den treibenden Wolken. „Irgendwie ganz schön gruselig“, flüstert Simon beeindruckt und zeigt auf den Torbogen. „Da geht’s rein. Komm, David, wir sind jetzt die kühnen Ritter von damals!“
In diesem Augenblick zuckt in der Ferne der erste Blitz, Sekunden später grollt der Donner. Plötzlich scheint das Sonnenlicht ausgeknipst zu sein.

Krähen kreischen irgendwo im Gemäuer. Dann prasselt der Regen. David und Simon hasten durch den Torbogen in den Innenhof der Ruine. Da, ein Gang, der ein Stück hineinführt in ein brüchiges Gewölbe. Hier können sie Schutz finden vor dem Unwetter.

„Bestimmt war das früher der Weg hinunter ins Verlies, wo die Gefangenen angekettet waren.“ David erschrickt ein bisschen vor seiner eigenen Stimme, sie klingt hohl und unheimlich in diesem dunklen Gang.

Grünlich flackert der Widerschein der Blitze, unheimlich dröhnen die Donner, ohrenbetäubend rauscht der Regen.
„Hier werden wir wenigstens nicht nass“, meint Simon, „wenn’s auch ziemlich gespenstisch ist.“
Gespenstisch! Kaum hat Simon dieses Wort ausgesprochen, bewegt sich auch schon etwas im finsteren Hintergrund des Ganges. Wie Nebelschwaden, die sich aus den dicken Steinen der Wand lösen und zu merkwürdigen Gestalten werden. Es sind vier Nebelgestalten. Sie kommen geschwebt – näher und näher.
„G-g-gespenster!“, flüstert David. „D-d-das sind Gespenster! Oder spinne ich?“
Simon klammert sich an Davids Arm fest. „Aber es gibt doch überhaupt keine Gespenster! Wir bilden uns das bestimmt bloß ein.“

David flüstert: „Wir sehen sie doch! Und was man sieht, das gibt es auch. Simon, wir müssen jetzt ganz tapfer sein! Wenn man keine Angst zeigt, können einem Gespenster und Geister nichts antun. Das weiß ich aus einem Buch."
Ja, eindeutig sind das Gespenster! Vor den zwei zitternden Jungen blähen sie sich auf, hüpfen wild in ihren weißen Gewändern umher, grapschen mit ihren dünnen Gespensterarmen nach den beiden und stoßen drohendes Geheul aus. „Huhuhhh! Ihr seid verloren!"
Simon nimmt all seinen Mut zusammen. „Wir fürchten uns nicht vor Gespenstern! Ihr könnt uns überhaupt nichts tun!"
David hebt einen Steinbrocken auf und schreit laut: „Außerdem wehren wir uns! Wir sind nämlich unheimlich stark und supertapfer. Nur dass ihr's wisst!"

„Haut ab, ihr Typen!“, ruft Simon.
Die vier Gespenster treiben es immer schlimmer. Ganz plötzlich wechseln sie die Farbe, sind auf einmal grellgrün, dann lila, dann rot wie Feuer. Auch ihre Formen verändern sich blitzschnell. Gerade noch glühten ihre Augen wie Scheinwerfer, doch schon haben sie Hörner auf den Köpfen wie riesige Ziegenböcke und dann – dann haben sie sich ihre Gespensterköpfe sogar unter die Arme geklemmt. „Huhuhhh! Jetzt haben wir euch! Ihr seid in unserer Gewalt!“, rufen sie drohend.
David und Simon haben sich bei den Händen gefasst. Bloß nicht aufgeben! Sie brüllen im Takt: „Haut ab! Haut ab! Los verschwindet!“ Sie treten mit den Füßen nach den Gespenstern und spucken sogar.

Dann geschieht etwas ganz und gar Unerwartetes. Simon und David machen Stielaugen und wollen es zuerst gar nicht glauben. Die lachen ja! Die Gespenster lachen! Ganz freundlich sind ihre Gesichter plötzlich. Was hat denn das zu bedeuten?
Das erste Gespenst sagt: „Wir sind die Ritter, die früher in dieser Burg lebten."
Das zweite Gespenst sagt: „Wir wollten euch nur auf die Probe stellen."
Das dritte Gespenst sagt: „Wir wollten herausfinden, ob ihr wirklich tapfer seid."

Das vierte Gespenst sagt: „Und weil ihr so tapfer seid, erklären wir euch hiermit feierlich zu Ehrenrittern.“
Kaum haben die Gespenster das gesagt, wehen sie wie graue Nebelschwaden davon und verschwinden im Gemäuer der Ruine. Lange Minuten hocken David und Simon verwirrt und sprachlos im dunklen Burggewölbe und können nicht begreifen, was sie gerade erlebt haben.
Endlich sagt Simon: „Wenn wir das den anderen aus der Klasse erzählen, also ich wette, die lachen uns aus. Die glauben uns kein Wort.“
„Macht nichts“, antwortet David. „Wir erzählen es ihnen erst gar nicht. Hauptsache, wir zwei wissen, dass wir jetzt Ehrenritter sind.“
Simon nickt. „Da hast du Recht, du Ehrenritter.“

David lacht. „Dann ist ja alles okay, du Ehrenritter."

Endlich verzieht sich das Gewitter. Der Himmel wird wieder klar. Die Luft hat sich abgekühlt. Höchste Zeit für die beiden Jungen, sich an den Abstieg zu machen.

Für den Abschlussabend ist nämlich ein großes Grillfest angesagt. Da dürfen sie nicht zu spät kommen. Aber bergab geht es ja ohnehin viel schneller.

Die Klassenlehrerin fragt erstaunt: „Hallo, Simon! Hallo, David! Wo habt ihr zwei denn den ganzen Nachmittag gesteckt? Ich hab mir schon Sorgen gemacht."
„Och", sagt David, „wir haben uns mal die Burgruine oben auf dem Berg angeschaut."
Simon grinst. „Ganz schön spannend da oben."
David und Simon, die beiden Ehrenritter, schaffen übrigens den Rekord beim Würstchenfuttern. Jeder vertilgt dreizehn Bratwürste. Aber wie man weiß, haben Ritter ja auch immer den größten Hunger. Besonders nach so einem Gespensterabenteuer.

Werner Färber

Vampirgeschichten

Urkunde

Halloween – nichts für Vampire

Evi Ramp summt gut gelaunt vor sich hin. Sie fiebert dem fröhlichen Fest entgegen, das heute Nacht steigen soll. Außerdem erwartet sie Besuch von Gustl Bauer, ihrem lieben Freund vom Land. Von Jahr zu Jahr freut sie sich mehr auf Halloween. Die Zahl der Menschen, die sich in der Halloweennacht verkleiden, wird immer größer. Die einen setzen Masken auf und gehen als Werwölfe, die andern tragen Monsterkostüme. Viele schieben sich falsche Zähne in den Mund, schminken ihre Gesichter totenblass und spazieren als Vampire durch die Straßen.
Sich zu verkleiden hat Evi Ramp natürlich nicht nötig. Schließlich ist sie eine echte Vampirin. Mit einer echten Urkunde der transsilvanischen Vampirgesellschaft.

Trotzdem malt sie sich schmunzelnd eine Blutspur in den Mundwinkel und tupft weißen Puder auf ihre Wangen. Kaum ist sie fertig, klopft es auch schon an ihrer Gruft. Schwebenden Schrittes eilt Evi zur Eichentür, um ihren Freund zu empfangen. „Aber Gustl, wie siehst du denn aus?“, ruft Evi lachend, als sie ihren Gast erblickt. Er trägt ein kariertes Hemd, bayerische Lederhosen und einen Filzhut mit Gamsbart. „Das nenne ich wirklich eine gruselige Aufmachung.“

Gustl Bauer sieht an sich hinunter. „Nicht wahr?“, erwidert er stolz. „Als du gesagt hast, dass sich die Menschen an Halloween verkleiden, bin ich sofort in einen Kostümverleih gegangen.“

„Aber die Menschen verkleiden sich zu diesem Anlass doch ganz anders. Sie schlüpfen in Kostüme, die ihnen normalerweise Angst machen.“

„Ja?“, fragt Gustl überrascht. „Aber so etwas muss ihnen doch Angst einjagen.“

Er dreht sich einmal um die eigene Achse.

Evi Ramp zuckt kichernd mit den Schultern. „Ich weiß ja nicht.“

Gustl Bauer wechselt das Thema. „Und was geschieht, wenn sich alle verkleidet haben?“

„Na, was schon? Die Leute erschrecken einander und beißen sich gegenseitig in den Hals.“

„Klingt viel versprechend."
„Natürlich beißen sie nicht wirklich zu. Sie tun nur so als ob. Wir Vampire haben an Halloween allerdings freie Auswahl. Du wirst sehen – in ihrer Festlaune strecken dir alle den Hals entgegen und lassen sich ohne jede Gegenwehr beißen."
Ihr Freund vom Land kann es gar nicht glauben. „Sie laufen nicht wie üblich schreiend davon?"
Evi Ramp winkt ab. „Aber nein. Sie halten auch uns nur für verkleidete Menschen."
Gustl Bauer reibt sich die Hände. „Dann nichts wie los."

Wenige Minuten später brechen sie auf in die Dunkelheit. In der Stadt herrscht ungewohnter Trubel. Unzählige Werwölfe, Vampire, Frankensteins und andere Monster ziehen durch die Straßen. Gustl ist der einzige, der Lederhosen trägt. Die feiernden Menschen knurren, fauchen und kreischen, um sich gegenseitig zu erschrecken. Manche fallen sich lachend um den Hals und tun so, als würden sie einander beißen. Evi stürzt sich sogleich ins Getümmel. Noch bevor ihr erstes Opfer merkt, dass es sich in Evis Fall um eine leibhaftige Vampirin handelt, ist es bereits zu spät. Gustl steht zögernd am Rand und weiß nicht so recht, wie er sich verhalten soll. Bald ist seine Begleiterin in der Dunkelheit verschwunden.
Auch Evi verliert ihren Gast aus den Augen und versucht ihn zu finden. Aber

das Durcheinander ist viel zu groß. Evi gibt die Suche auf, um sich den schier unbegrenzten Möglichkeiten dieser Nacht zu widmen. Genießerisch wandelt sie von einem Hals zum nächsten. Erst kurz vor dem Morgengrauen kehrt Evi satt und zufrieden zu ihrer Gruft zurück. Plötzlich hält sie misstrauisch inne.
An der hinteren Friedhofsmauer liegt neben Evis gut verstecktem Eingang eine Gestalt. Mehr kann Evi in der Dunkelheit nicht erkennen. Sie zögert.

Hat sich etwa doch ein Vampirjäger an ihre Fersen geheftet? Vorsichtig tritt sie näher. „He, Sie! Suchen Sie etwas?“, spricht sie die Gestalt an. Ein fröstelndes Zucken zieht über das zusammengekauerte Wesen. Evi tritt näher. „Hallo? Geht’s Ihnen nicht gut?“

Unendlich langsam hebt die Gestalt den Kopf. „Evi?“

„Gustl? Bist du es wirklich?“

„Was noch von mir übrig ist“, haucht Gustl.

„Komm schnell rein. Sonst erwischt uns die Morgensonne“, sagt Evi Ramp. Unter Ächzen und Stöhnen schleppt sie ihren Freund in die Gruft und verfrachtet ihn auf ihr Sofa. Im flackernden Licht einiger Kerzen erkennt sie, in welch zerrupftem Zustand Gustl Bauer bei ihr angekommen ist. Seinen Filzhut hat er verloren, das Hemd ist zerfetzt, selbst die Lederhose hat Risse.

„Erzähl doch“, fordert Evi ihren Gast auf. „Was war denn los?“

Gustl berichtet, dass er schon beim ersten Versuch, jemanden zu beißen, ausgelacht wurde. Beim zweiten Versuch wurde er von seinem Opfer auf übelste Weise beschimpft. Das dritte Opfer schließlich rief um Hilfe, die auch prompt kam. „Wenn ich nicht im letzten Moment davongekommen wäre, hätten sie mich windelweich geprügelt. Ich hasse Halloween.“

Evi schüttelt den Kopf. „An Halloween hat es nicht gelegen.“

„Woran denn sonst?“, fragt Gustl beleidigt.
„Du warst nicht schrecklich genug verkleidet.“ Evi zeigt auf seine Lederhose.
Gustl Bauer zuckt hilflos mit den Schultern. „Es war das schrecklichste Kostüm, das ich finden konnte.“
„Für Menschen ist es anscheinend nicht schrecklich genug.“

Spitze Zähne

„Ist wieder alles in Ordnung?“, fragt Lehrer Brockmann. Er streicht Mirko tröstend über die verschwitzte Stirn. Mirko atmet tief durch. Er zuckt mit den Schultern. „Glaub schon“, sagt er leise. „Wir brauchen also deine Eltern nicht mehr anzurufen?“, fragt der Lehrer. Mirko schüttelt den Kopf.
„Ist auch besser so“, sagt Herr Brockmann. „Immerhin haben wir schon halb drei in der Früh.“
Mirko nickt. „Geht schon wieder.“
„Schlaft jetzt weiter, Jungs. Und keine Gruselgeschichten mehr. Morgen Früh ist die Nacht vorüber“, sagt Lehrer Brockmann. Er knipst die Deckenlampe aus. Für einen Moment fällt noch Licht vom Flur ins Zimmer, dann klickt die Tür

leise ins Schloss. Mirko, Sven, Paul und Kai lauschen in die Dunkelheit.
Die vier Jungen sind mit ihrer Klasse im Landschulheim auf Burg Spitzenfels. Es ist ihre erste Nacht auf der Burg. Das alte Gemäuer hat sie auf die Idee gebracht, einander vor dem Einschlafen Vampirgeschichten zu erzählen. Obwohl Mirko sonst wirklich kein Angsthase ist, hat er Albträume bekommen. Vor einer halben Stunde ist er schweißgebadet aufgewacht. Im Traum war erst ein Schwarm Fledermäuse hinter ihm her gewesen, dann haben ihn Werwölfe und Vampire umzingelt und in die Enge getrieben. Wäre er nicht im letzten Moment wach geworden, hätten ihn diese Monster wahrscheinlich portionsweise unter sich aufgeteilt. Selbst in wachem Zustand hatte er noch das Gefühl, von

ihnen umringt zu sein. Er schlug um sich und rief um Hilfe, bis Sven, Paul und Kai aufwachten und Herrn Brockmann holten.

Zuerst wollte er seine Eltern anrufen und sich mitten in der Nacht abholen lassen. Inzwischen geht es ihm wieder besser und er findet seinen Traum selbst ziemlich albern. Vampire und Werwölfe – so ein Unsinn. Und Fledermäuse sind harmlose kleine Tierchen. Wenn man sie sich genauer anschaut, sind sie sogar richtig niedlich. Erst gestern hatten sie auf dem Speicher der Burg welche entdeckt. Kopfüber hingen sie schlafend von den dicken, alten Balken.

„Na? Noch eine Gruselgeschichte?“, fragt Sven in die Dunkelheit des Zimmers.
„Sei still, ich bin müde“, antwortet Paul.
„Ich auch, schlaft gut“, sagt Mirko.
„Faule Ausrede“, spottet Kai. „Hast bloß Schiss, dass wieder Vampire über dich herfallen.“
„Gar nicht“, wehrt sich Mirko.
„Schisshase, Schisshase“, lästert Kai weiter.
„Lass ihn in Ruhe“, mischt Paul sich ein. Kais Lästermaul geht ihm manchmal ziemlich auf den Wecker.
Kai lässt nicht locker. „Mirko macht sich doch vor Angst in die Hose.“
„Selber, du Idiot“, erwidert Mirko hilflos.
„Pass auf, was du sagst, Hosenpinkler“, zischt Kai.
„Haltet endlich die Klappe. Alle beide“, sagt nun auch Sven.

Die Streithähne geben tatsächlich Ruhe. Doch schon beim Frühstück geht es weiter. Kai erzählt dem Rest der Klasse von Mirkos Albtraum. Den ganzen Tag hat Mirko unter dem Spott der anderen zu leiden. Am liebsten würde er Kai eine donnern. Aber dabei würde er ebenfalls den Kürzeren ziehen. Kai ist fast einen Kopf größer als er.

Gegen Abend nimmt Paul Mirko zur Seite und geht mit ihm zu Sven.

„Bist du immer noch sauer auf Kai?“, fragt Sven.

Mirko nickt. „Wärst du wohl auch, oder?"
„Wir hätten da so eine Idee", sagt Paul. Er holt eine Plastikdose aus der Tasche und klappt sie auf.
„Ein Vampirgebiss. Und?", fragt Mirko verwundert. Aber nachdem ihm seine beiden Freunde ihren Plan ausführlich erläutert haben, ist er hellauf begeistert.
Beim Zubettgehen überraschen sie Kai mit der Frage, ob er nicht auch wieder Lust auf Vampirgeschichten hätte.
„Dass sich aber Mirko nicht wieder in die Hose macht", lästert Kai erneut.

Mirko schweigt. Rache ist süß, denkt er nur und tastet unter seinem Kopfkissen nach den falschen Zähnen. Auch Paul sucht im Dunkeln nach einem Gegenstand. Er hat sich von Ines einen roten Filzstift geliehen. Mit diesem Stift haben sich Paul, Mirko und Sven jeweils zwei rote Punkte auf den Hals gemalt. Diese Punkte sehen aus wie die Beißlöcher spitzer Vampirzähne. Alle drei wollen so lange wach bleiben, bis Kai eingeschlafen ist. Dann soll die Aktion steigen.
„Kai?", fragt Mirko schließlich nach einiger Zeit in die Dunkelheit.
Keine Antwort.
„Er schläft", flüstert er den beiden anderen zu. Schweigen. Offenbar ist er der Einzige, der wach geblieben ist. Er huscht aus dem Bett, um Sven und Paul

zu wecken. Wenige Augenblicke später malen sie Kai zwei Punkte auf den Hals. Während Mirko und Sven zurück ins Bett huschen, übernimmt es Paul, Kai vorsichtig zu wecken. „He, Kai", flüstert er. „Wach auf, ich glaube, es war jemand im Zimmer."

„Was ist los?", fragt Kai verschlafen.

„Es war jemand im Zimmer. Gerade eben. Ich hab es genau gehört. Und jetzt juckt es mich so komisch am Hals. Sieht man da was?" Paul knipst Kais Nachttischlampe an und reckt ihm den Hals entgegen.

„Zwei rote Punkte. Ziemlich groß", antwortet Kai.

Paul fasst sich erschrocken an den Hals. „Vampirbisse?"

„Red keinen Quatsch", sagt Kai. „Ich bin müde."

Doch Paul starrt mit weit aufgerissenen Augen auf Kais Hals.
„Was ist?“, fragt Kai.
„Juckt es dich denn nicht?“ Paul zeigt auf Kais Hals. „Du hast da auch zwei Punkte.“
Nun ist es Kai, der sich an den Hals greift.
Paul spielt weiter. Er eilt ans nächste Bett.
„Sven hat auch zwei Punkte. Er wurde auch gebissen“, sagt er und tut so, als würde er ihn wachrütteln.
„Lass mich in Ruhe“, grummelt Sven. „Mir ist schlecht. Ich will schlafen.“ Er richtet sich stöhnend auf. „Mir tun die Zähne

weh." Vorsichtig tastet er mit den Fingern über seinen geschlossenen Mund. Er schüttelt den Kopf. „Seltsam. Meine oberen Eckzähne fühlen sich viel größer an als sonst."
„Ich glaube", flüstert Paul, „wir sind alle von einem Vampir gebissen worden."
Sven sieht Paul erschrocken an. „Du meinst, wir verwandeln uns jetzt selber in welche?" Wie auf Kommando stürzen sie an Mirkos Bett.
Paul rüttelt an seiner Schulter. „Mirko! Wir sind von einem Vampir gebissen worden!"
Mirko schlägt die Augen auf und fängt an zu lächeln: „Ich glaube, dass es diesmal kein Traum gewesen ist." Ganz langsam verzieht er seinen Mund zu einem breiten Grinsen. Die spitzen Eckzähne des Vampirgebisses blitzen den anderen entgegen.

Kai steht das Entsetzen ins Gesicht geschrieben. Er wendet sich ab, rennt hinaus auf den Flur und brüllt panisch nach Herrn Brockmann.

In dieser Nacht ist es Kai, der unbedingt seine Eltern anrufen möchte. Doch Herr Brockmann kann auch ihn wieder beruhigen. Allerdings dauert es bei Kai ein klein wenig länger als in der Nacht zuvor bei Mirko.

Särge für alle Fälle

Gerade hatte Friedhelm Sanftleben seinen Laden geschlossen, da klopfte eine dunkle Gestalt von außen gegen die Glastür. Er wandte sich um, schob den Ärmel seines Hemdes ein wenig nach oben und deutete mit dem Zeigefinger auf seine Uhr. Er hob bedauernd die Schultern und formte mit den Lippen tonlos ein einziges Wort: „Geschlossen."
Erst jetzt erkannte er, dass es sich bei der Gestalt dort draußen in der Dunkelheit um eine Frau in schwarzer Kleidung handelte. Die Fremde schien seine Geste nicht zu verstehen. Sie zeigte auf ihre Ohren, hob ebenfalls die Schultern und breitete wie zum Empfang eines breiten Paketes die Hände aus.
Wie schon so oft brachte es Friedhelm

Sanftleben auch bei dieser Kundin nicht übers Herz, sie abzuweisen. Er kehrte zur Tür zurück und öffnete sie einen Spalt: „Tut mir Leid, gnädige Frau. Ich habe leider schon geschlossen.“
Trotz ihres schwarzen Schleiers konnte Herr Sanftleben erkennen, dass die

Kundin blinzelte und dann enttäuscht die Augen niederschlug.
„Können Sie nicht eine kleine Ausnahme machen?“, fragte sie kaum hörbar. „Ich hab zufällig ihr Schild gesehen. Da dachte ich mir, ich schau mal rein. Ich brauche nämlich einen neuen Sarg.“
„Wenn Sie mir die Bemerkung gestatten“, erwiderte Friedhelm Sanftleben, „alte Särge werden Sie in meinem Angebot nicht finden.“
„Bitte. Es geht um Leben und Tod.“
„Bei allem Respekt, werte Dame, aber das gehört bei meinen Kunden dazu.“
„Und außerdem ist der Sarg nicht einmal für mich selbst“, sagte die Kundin.
Auch diese Aussage überraschte Herrn Sanftleben nicht im Geringsten. Es kam äußerst selten vor, dass jemand einen Sarg für sich selbst kaufte.

„Er ist für meinen Mann. Wenn er nicht bald einen eigenen Sarg bekommt, garantiere ich für nichts."
Die Frau machte auf Herrn Sanftleben einen etwas verwirrten Eindruck. Als er jedoch bemerkte, dass die späte Kundin ihre Tränen nicht mehr halten konnte, öffnete er die Tür doch ganz. „Nun kommen Sie erst einmal herein."
Schniefend fuhr sie sich mit einem Taschentuch unter den Schleier, um ihre Tränen trocken zu tupfen. Es dauerte nicht lange und Herr Sanftleben fing an, seine Gutmütigkeit zu bereuen. Die Frau wurde nämlich immer wunderlicher. „Wissen Sie", erzählte sie, „gemeinsam in einem Sarg zu liegen ist auf Dauer einfach zu eng. – Gut, am Anfang ist es kein Problem. Solange die Liebe noch frisch ist, sucht man die Nähe des Partners.

Aber mit der Zeit …", sie schüttelte langsam den Kopf, „… ich kann Ihnen nur abraten."

Herr Sanftleben spielte inzwischen mit dem Gedanken, die Polizei zu rufen. „So etwas endet nämlich immer im Streit", fuhr die Kundin fort. „Erst gestern haben sich mein Mann und ich ganz fürchterlich gestritten. Behauptet er doch glatt, ich würde schnarchen. Dabei ist er es, der schnarcht. Und Sie glauben gar nicht wie laut. Es hört sich an, als würde er ganze Wälder zu Zahnstochern verarbeiten. Aber dieses eine Mal habe ich nicht klein beigegeben." Sie hob drohend ihre Faust, in der das zerknüllte Taschentuch steckte. „Ich habe mich durchgesetzt." Mit einem heftigen Nicken verlieh sie ihren Worten Nachdruck.

Herr Sanftleben wurde von Minute zu Minute nervöser. Hatte er es mit einer Mörderin zu tun? Hatte diese seltsame Kundin vielleicht ihren Mann …? Der arme Bestatter mochte seinen Gedanken nicht zu Ende führen. Während er seinen düsteren Verdacht hin und her wälzte, hatte die Frau begonnen sich im Laden umzusehen. Herr Sanftleben zuckte erschrocken zusammen, als sie ihn überraschend von hinten ansprach.

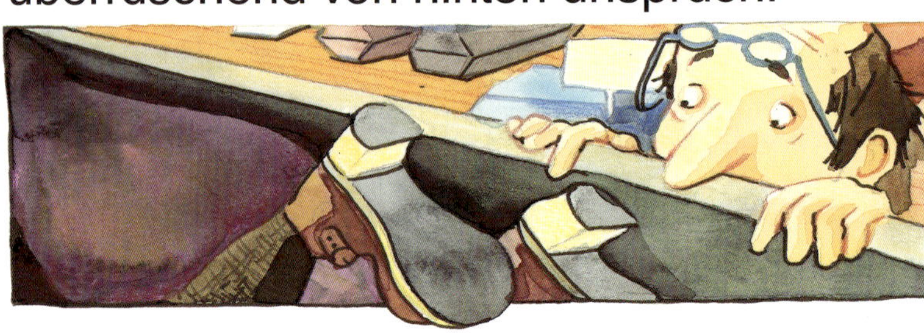

„Ach, der ist wirklich hübsch. Der könnte meinem Mann gefallen. Und so geräumig. Darf ich mal?“
„Dürfen Sie mal was?“, fragte Herr Sanftleben.
„Mich hineinlegen natürlich“, erwiderte die Dame. „Ich kaufe doch keinen Sarg, ohne darin gelegen zu haben. Es handelt sich schließlich um eine Anschaffung, von der man längere Zeit etwas haben will.“
Herr Sanftleben schluckte. Er fühlte sich immer hilfloser. Ohne eine Antwort abzuwarten, klappte die Frau den Deckel hoch. Sie schob einen Stuhl neben den geöffneten Sarg, kletterte hinein und legte sich flach hin. Nach wenigen Sekunden hob sie den Kopf. „Wären Sie bitte so freundlich, ihn zu schließen?“ Schon war ihr Kopf wieder im Sarg verschwunden.
Herr Sanftleben fuhr sich mit den Händen

übers Gesicht. Wie hatte er diese Kundin nur hereinlassen können? Sollte er ihrem Wunsch nachkommen und den Sarg schließen? Dann könnte er schnell zum Telefon eilen und Hilfe herbeirufen. Aber nein. Am Ende bekam sie nicht genug Luft und erstickte. Nachdem der Bestatter ihrer Bitte offensichtlich nicht nachkommen wollte, griff die Dame selbst zum Deckel. Rumms! – war der Sarg geschlossen. Herr Sanftleben zuckte zusammen. Und schon im nächsten Augenblick fuhr ihm ein weiterer Schreck in die Glieder. Ein eleganter Herr trat in den Laden. Der Herr hatte eine auffällig blasse und ungesunde Gesichtsfarbe. Die Ränder seiner Augenlider wirkten entzündet. „Verzeihen Sie, mein Herr“, sagte der Eindringling, „Sie haben nicht zufällig meine Frau gesehen?“

Herr Sanftleben zählte eins und eins zusammen. Die beiden schienen zueinander zu passen. Er zeigte auf den Sarg. „Könnte es eventuell die Dame da drinnen sein?“, erwiderte er fragend.

Der schwarz gekleidete Herr schien sich nicht im Geringsten über den seltsamen Aufenthaltsort seiner Frau zu wundern. Er war wohl einiges gewohnt. „Sie müssen entschuldigen“, sagte der Herr, „es liegt eine Verwechslung vor.“ Mit wenigen Schritten war er am Sarg. Er hob den Deckel. „Was machst du nur für Sachen, Liebling?“

„Einen Sarg kaufen – und versuche nicht wieder, mich davon abzuhalten“, erwiderte die Frau trotzig.

„Du sollst deinen Willen haben“, sagte der Mann. „Aber doch nicht hier. Wir haben doch unsere eigenen Sargläden.“

„Tatsächlich?“ Die Frau blickte ihn ratlos an.

Der schwarz gekleidete Herr half ihr aus dem Sarg, hakte sich bei ihr unter und ging zur Tür. „Verzeihung“, sagte er zu Herrn Sanftleben, „meine Frau gehört noch nicht lange zu uns. Sie weiß noch nicht, dass unsereins nicht bei Menschen kauft.“ Mit einer leichten Verbeugung hob er seinen Zylinderhut und wünschte freundlich lächelnd eine gute Nacht. Herrn Sanftleben stand das Entsetzen ins Gesicht geschrieben. Erst im letzten Moment hatte er die Zähne des vornehmen Herrn gesehen. Aber damit nicht genug. Kaum hatten die zwei schwarzen Gestalten die Tür hinter sich geschlossen, machten die beiden gleichzeitig eine Art Kniebeuge. Sie sprangen in die Luft und schwebten Hand in Hand dem sternenlosen Nachthimmel entgegen.

Schwankend ging Herr Sanftleben zur Tür und drehte den Schlüssel im Schloss. Atemlos lehnte er sich mit dem Rücken gegen die Tür und rutschte langsam zu Boden. So schnell würde er keinen verspäteten Kunden mehr in seinen Laden lassen.

Vampirschloss

Auf Zehenspitzen schleicht Mirjam durch das verfallene Schloss. Die Bodendielen knarren. Die wenigen Scheiben in den Fenstern sind gesprungen. Es zieht wie Hechtsuppe. Im Obergeschoss knallt eine Tür. Draußen im dunklen Wald ruft ein Käuzchen. Oder ein Uhu? Mirjam kann die Rufe der beiden Nachtvögel nicht unterscheiden. Wohin soll sie jetzt gehen? In die Küche. Ja! Vielleicht findet sie dort Knoblauch. Knoblauch hilft gegen Vampire. Das wird jedenfalls in Vampirgeschichten immer behauptet. Vorsichtig blickt Mirjam um die Ecke. Die Luft ist rein. Jetzt bloß keinen Krach machen. Die Küche ist im Erdgeschoss. Stufe für Stufe geht sie die Treppe hinunter. Dass die Stufen aber auch alle so quietschen müssen. Endlich ist Mirjam unten angelangt. Sie fasst auf die staubige Klinke und öffnet die Tür. Wie es scheint, ist in der Küche tatsächlich keine Menschenseele. Aber was heißt das schon? Vampire haben ja keine Menschenseele. Was den Knoblauch anbelangt, ist Mirjam jedoch mehr als zufrieden. Von der Decke hängen mehrere geflochtene Knoblauchzöpfe. Erleichtert atmet sie auf. So viel Glück auf einmal kann sie kaum fassen. Wie einen Schal legt sich Mirjam einen langen Knoblauchzopf um den Hals. Keinen Augenblick zu früh. Schon geht die Tür auf. Mit breitem Grinsen betritt ihr Verfolger den Raum. Seine spitzen Eckzähne stülpen sich über die Unterlippe. Siegessicher hält ihm Mirjam den Knoblauch entgegen.

„Lecker“, säuselt der Vampir. „Nichts schmeckt so gut wie Knoblauch über dem süßen Aroma von frisch gezapftem Blut.“
„Aber – ich dachte“, stammelt Mirjam, „Vampire mögen keinen Knoblauch.“
Lachend wirft der Vampir seinen Kopf in den Nacken und kommt unbeirrt näher. „Wer behauptet denn so einen Blödsinn?“, erwidert er grinsend.
Mirjam holt aus und schleudert dem Vampir den Knoblauchzopf um die Ohren.

Er wendet sich ab und hebt schützend die Hände vors Gesicht. Mirjam nutzt die Gelegenheit und flitzt an ihm vorbei zur Tür hinaus. Sie rast die Treppen hinauf und versteckt sich im nächstbesten Zimmer. Diesmal ist sie in einem Schlafzimmer gelandet. Eine dicke, muffige Daunendecke mit kariertem Überzug liegt auf dem Bett. Direkt über dem Kopfkissen hängt ein Holzkreuz. Mirjam klettert aufs Bett, nimmt das Kreuz von der Wand und hält es vor sich. Vampire hassen Kreuze. Sie können nicht an ihnen vorbei. Das weiß Mirjam aus Filmen. Endlich fühlt sie sich sicher. Mit dem Holzkreuz in der Hand hat sie nichts mehr zu befürchten. Sie schleicht zur Tür, öffnet sie einen Spalt und schaut hinaus. In der Dunkelheit kann sie nichts erkennen. Ob sich der Vampir nun doch

freiwillig verkrümelt hat? Vielleicht ist er müde geworden und hat sich in seinen Sarg zurückgezogen.
Plötzlich fühlt sie eine Hand auf ihrer Schulter. „Suchst du jemanden?“, fragt der Vampir hinter ihr.
Mirjam entfährt ein gellender Schrei. Wie kommt der Kerl plötzlich hinter sie? Sie windet sich aus seinem Griff, reißt das Kreuz hoch und weicht um einige Schritte zurück. Mit ausgestreckten Armen hält sie es ihm entgegen. Was dann passiert, kann sie einfach nicht glauben. Genauso wenig, wie sich der Vampir vom Knoblauch abschrecken ließ, scheint er sich über das Kreuz aufzuregen. Wieder zeigt er breit grinsend seine Zähne. Er schüttelt den Kopf. „Es ist wirklich nicht zu fassen, was sich die Menschen für Märchen über Vampire ausdenken“, sagt

er mitleidig. Ganz langsam geht er auf Mirjam zu, die inzwischen ängstlich in einer Ecke kauert. Sie sieht keinen Ausweg mehr. Gleich wird der Vampir sie packen und ihr in den Hals beißen. Schon beugt er sich mit geöffnetem Mund über sein Opfer. Im letzten Augenblick reißt Mirjam das Kreuz in die Höhe. Ihr Gegenüber beißt kraftvoll zu. Es knirscht. Mirjam braucht einen Augenblick, um zu begreifen, dass es nicht ihr Hals ist, den der Vampir erwischt hat. Entsetzt starrt er sie an. Mirjam krabbelt auf allen vieren davon.

„Ning chochock gach Ging wech“, nuschelt der Vampir. Er zerrt mit aller Kraft an dem Kreuz, das fest auf seinen Eckzähnen steckt.
„Nimm das Ding doch selber weg“, sagt Mirjam. „Ich hoffe, du schaffst es nie.“
Kaum hat sie sich abgewendet, um den fiesen Vampir hinter sich zu lassen, spürt sie erneut eine Hand auf ihrer Schulter.
„Nein!“ Mirjam schlägt voller Panik mit beiden Armen um sich.
„He, he, Mirjam, ganz langsam“, sagt eine ihr sehr vertraute Stimme.
Mirjam schlägt die Augen auf. „Papa?“, fragt sie erstaunt. „Wo kommst du denn her?“
Papa schüttelt den Kopf. „Nun werd erst mal richtig wach“, sagt er. „Du hast im Schlaf geschrien. Hast wohl schlecht geträumt.“

Mirjam schlingt ihre Arme fest um Papas Hals und denkt einen Augenblick nach. „Geht so“, antwortet sie schließlich.
„Vielleicht solltest du solche Sachen nicht direkt vor dem Einschlafen lesen.“ Papa zeigt auf das Vampirbuch, das auf ihrem Nachttisch liegt.

„Ach wo“, sagt Mirjam. „Das Buch hat nichts mit meinem Traum zu tun. Außerdem hatte ich mich eigentlich gerade gerettet.“
„Eigentlich?“, hakt Papa nach.
„Ja, klar. Ich wollte eben abhauen, da bist

du plötzlich aufgetaucht und hast mich ganz fürchterlich erschreckt."
„Na ja", sagt Papa. „Einer muss ja Schuld haben. Meinst du, dein Traum ist jetzt vorbei?"
Mirjam nickt voller Zuversicht und lässt sich von Papa noch einen Gute-Nacht-Kuss geben. „Gute Nacht", sagt sie und kuschelt sich wieder in die Bettdecke. Natürlich ist der Traum jetzt vorbei. Nun weiß sie ja, dass Kreuze tatsächlich gegen Vampire helfen. Man muss sie nur ganz anders einsetzen, als in den Geschichten immer erzählt wird.

Kleiner Irrtum

„Vera, ich kann bald nicht mehr“, beschwert sich Viktor Vampirello bei seiner Begleiterin. „Wie weit sollen wir denn noch fliegen?“
„Kehr doch um und flieg wieder nach Hause. Was bist du heute bloß wieder für ein Milchzahn?“, erwidert Vera Beißdichkova, mit der Viktor einen nächtlichen Ausflug unternimmt. „Gleich hinterm nächsten Berg sind wir da.“
„Gleich hinterm nächsten Berg. Sehr witzig. Das ist schon der fünfte nächste Berg“, mault Viktor schlecht gelaunt. Sein Stimmungstief kommt nicht von ungefähr. Seit über einer Stunde behauptet Vera, dass sie ihr Ziel gleich erreichen würden.
„Was kann ich dafür, wenn du fünfmal dieselbe Frage stellst?“, erwidert Vera,

ohne den Blick von der Landschaft tief unter ihnen zu wenden. Dabei kann man in dieser sternlosen Neumondnacht selbst mit Vampiraugen kaum etwas erkennen. Viktor ist inzwischen absolut sicher, dass sich Vera schon vor längerer Zeit so richtig schön verflogen hat. Seit Tagen hat sie nur noch von diesem Ausflug

gesprochen. Allerdings immer nur in geheimnisvollen Andeutungen. Viktor hat ganz schön lange baggern und bohren müssen, bis sich Vera endlich verplappert und dann doch alles erzählt hat. Sie wollen ihren Blutdurst in der heutigen Neumondnacht mit einem besonders

edlen Tröpfchen stillen. „Du glaubst gar nicht, wie lecker das Blut von kleinen Rehkitzchen schmeckt", hat Vera gesagt, nachdem sie letzte Woche zufällig ein Rudel Rehe entdeckt hatte. Dabei hat sie sich genüsslich über die Lippen geleckt.
„Tun wir den Rehkitzen eigentlich weh?", fragt Viktor nun besorgt.
„Sag mal", fragt Vera. „Sind wir Vampire oder nicht?"
Im Schutz der Dunkelheit streckt ihr Viktor die Zunge heraus. An Veras Angeberei wird er sich wohl nie gewöhnen.
„Pass auf!", stößt Vera plötzlich hervor.
Im ersten Moment glaubt Viktor, sie hätte ihn trotz der Dunkelheit beim Rausstrecken der Zunge ertappt.
Fehlalarm. Sie hat nur endlich die Lichtung entdeckt, die sie seit mehreren Bergkuppen sucht.

„Ab jetzt keinen Mucks mehr“, raunt Vera.
„Ich seh nichts“, antwortet Viktor flüsternd.
„Bleib dicht bei mir. Dann kann dir nichts passieren. Der erste Biss gehört dir.“
Bei so viel Großzügigkeit kann Viktor nur noch die Augen verdrehen. „Danke“, flüstert er ironisch. Wenn er allerdings nicht schleunigst einen großen Schluck zu trinken bekommt, kippt er tatsächlich bald aus den Latschen.
Leise gleiten sie tiefer, um zur Landung anzusetzen. Viktor kann nicht einmal die Hand vor Augen erkennen. Er verlässt sich voll und ganz auf Vera.
„Autsch“, stößt Viktor plötzlich hervor. Er hat den Zweig eines Baumes gestreift.
„Sei leise“, zischt Vera verärgert. „Was ist denn nun schon wieder?“
„Nichts“, erwidert Viktor kaum hörbar. Ihm ist klar, dass sie sich jetzt wirklich ganz

still verhalten müssen. Auch er hat inzwischen den Geruch von Wildtieren in der Nase. Der Geruch wird stärker. Schon glaubt Viktor die Körperwärme eines Tieres zu fühlen. Ihm läuft das Wasser im Mund zusammen. Sie können höchstens noch zehn Meter von ihrer Abendmahlzeit entfernt sein. Auch Vera spürt die Nähe eines Warmblütlers. Sie fasst Viktor an der Hand. Nahezu geräuschlos setzen sie auf und stehen im nächsten Moment auf einer feuchten Wiese.

Viktor schnüffelt. „Riechen so Rehe?“, fragt er verwundert. Er hat noch nie eines gerochen. Weshalb kommt ihm dieser Geruch trotzdem so bekannt vor? Ein Kribbeln im Nacken sagt ihm, dass es sich um eine unangenehme Erinnerung handeln muss. Er kann sich jedoch beim besten Willen nicht daran erinnern, um welche genau.

„Natürlich riechen Rehe so“, haucht Vera kaum vernehmbar. „Du zuerst. Los, keine fünf Meter vor uns.“

Viktor schreitet tastend durchs feuchte Gras. Er bleibt noch einmal stehen. Nein, das ist kein Reh. Schnuppernd versucht er diesen bekannten Geruch aus den tiefsten Höhlen seiner Erinnerung zu kramen. Plötzlich hört er ein kehliges Grunzen. Augenblicklich fällt ihm wieder ein, woher er den Geruch und auch dieses Geräusch

kennt. Aus der Vampirschule. Und zwar als sie das Kapitel „gefährliche Warmblütler“ durchgenommen haben.
„Vera!“, ruft er ohne jede Vorsicht.
„Schnell weg hier.“ Ohne zu zögern wendet er sich ab, um Geschwindigkeit für den Start aufzunehmen.
„Vorsicht, Viktor!“, ruft im selben Moment Vera.
Hals über Kopf rennen sie über die Wiese.
Hinter ihnen hören sie das wütende

Schnauben und das dumpfe Getrampel eines Wildschweins. Oder ist es eine ganze Rotte? Viktor mag gar nicht daran denken. Dann heben sie endlich ab. Sie sind in Sicherheit.

„Rehe“, sagt Viktor knapp.

Vera sagt nichts.

„Und was essen wir jetzt?“, mault Viktor weiter.

Auch auf diese Frage bleibt Vera die Antwort schuldig.

Leserätsel

mit dem Leseraben

Super, du hast das ganze Buch geschafft! Hast du die Geschichten ganz genau gelesen? Der Leserabe hat sich ein paar spannende Rätsel für echte Lese-Detektive ausgedacht. Mal sehen, ob du die Fragen beantworten kannst. Wenn nicht, lies einfach noch mal auf den Seiten nach. Wenn du die richtigen Antwortbuchstaben in die Kästchen auf Seite 185 eingesetzt hast, bekommst du das Lösungswort.

Fragen zu den Geschichten

1. Warum soll Kevin in Graf Websters Schloss als Gespenst spuken? (Seite 8–11)

U: Er darf die Besucher erschrecken.

V: Graf Webster kann das Schloss nur dann verkaufen, wenn es ein Schlossgespenst gibt.

2. Warum will Philipp nie mehr Geisterbahn fahren? (Seite 41–47)

A: Ein Skelett hatte Philipps Fuß gepackt und wollte ihn fressen.

T : Ein Drache wollte Philipp verschlingen.

3. Wie hat das kleine Gespenstermädchen endlich einen Namen bekommen? (Seite 97/98)

M: Julias Trick hat funktioniert: Sie hat sich von dem Gespenstermädchen fürchterlich erschrecken lassen.

K : Sie wurde von ihren Eltern getauft.

4. Warum freut sich Evi Ramp so auf Halloween? (Seite 138/139)

E: Sie möchte sich als Monster verkleiden.

I : Sie ist eine echte Vampirin und kann an Halloween andere Leute beißen.

5. Was möchte die späte Kundin bei Friedhelm Sanftleben kaufen? (Seite 157–159)

R: Sie möchte einen neuen Sarg kaufen.

L: Sie bittet ihn um ein Mittel gegen Schnarchen.

Lösungswort:

1	2	3	P	4	5

Rabenpost

Super, alles richtig gemacht! Jetzt wird es Zeit für die RABENPOST.
Schicke dem LESERABEN einfach eine Karte mit dem richtigen Lösungswort. Oder schreib eine E-Mail.
Wir verlosen jeden Monat 10 Buchpakete unter den Einsendern!

An den LESERABEN
RABENPOST
Postfach 20 07
88 190 Ravensburg
Deutschland

leserabe@ravensburger.de
Besuche mich doch auf meiner Webseite:
www.leserabe.de

Leserabe

1. Lesestufe für Leseanfänger ab der 1. Klasse

ISBN 3-473-36038-4

ISBN 3-473-36036-8

ISBN 3-473-36014-7

ISBN 3-473-36037-6

2. Lesestufe für Erstleser ab der 2. Klasse

ISBN 3-473-36043-0

ISBN 3-473-36041-4

ISBN 3-473-36039-2

ISBN 3-473-36021-X

3. Lesestufe für Leseprofis ab der 3. Klasse

ISBN 3-473-36054-6

ISBN 3-473-36051-1

ISBN 3-473-36024-4

ISBN 3-473-36052-X